グループ内発表

ポスターセッション

ラウンドテーブル

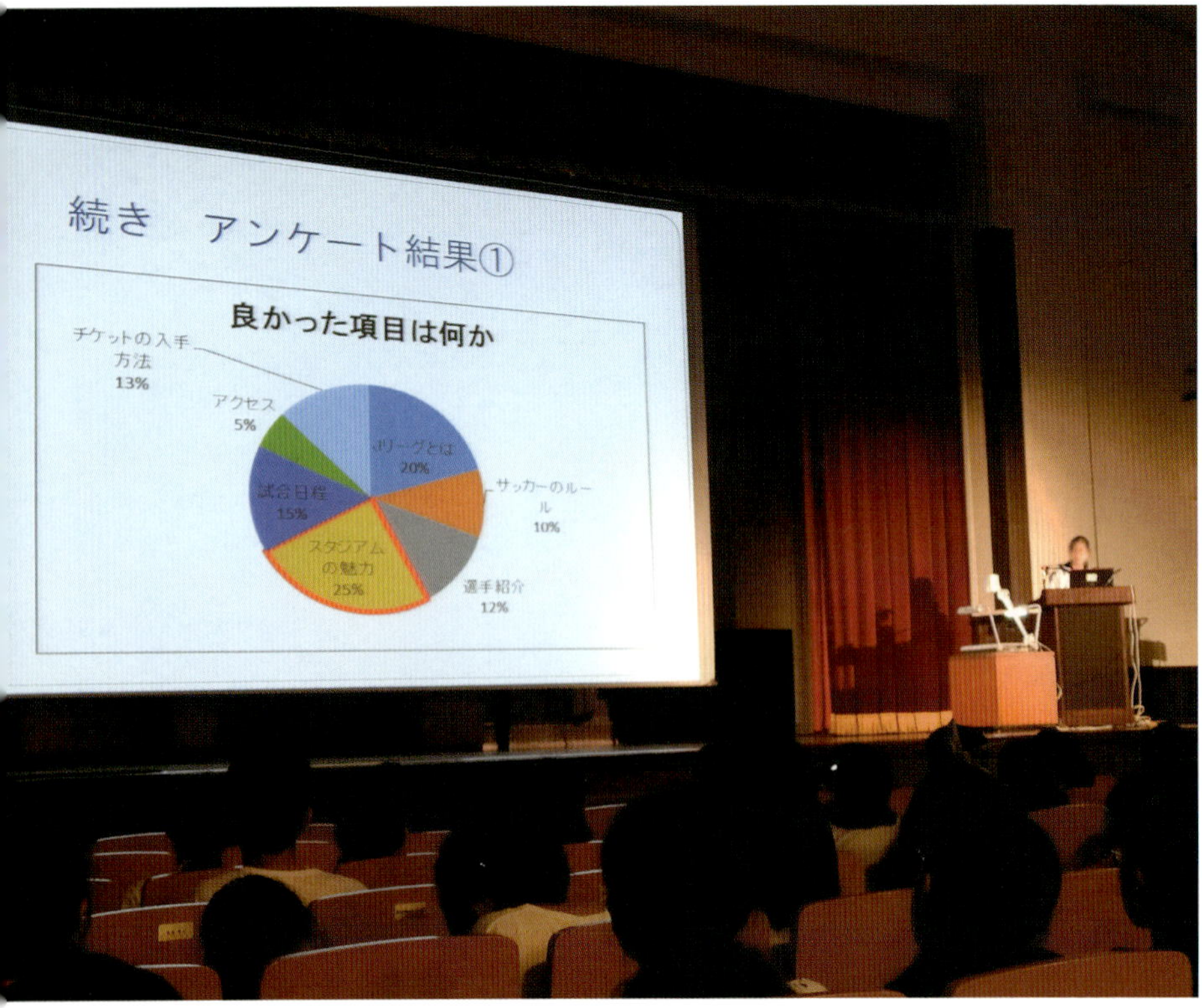

大学講堂での発表会

自分の〝好き〟を探究しよう！

お茶の水女子大学附属中学校「自主研究」のすすめ

お茶の水女子大学附属中学校［編］

明石書店

はじめに

お茶の水女子大学附属中学校は、昨年（２０１７年）創立70周年を迎えた。本校の教育目標は「自主自律の精神をもち、広い視野に立って行動する生徒を育成する」ことである。自主自律の精神は、一人ひとりの生徒がそれぞれの成長段階に応じて、学校生活や日常生活を通して体験したことを内省しつつ、自ら課題を見いだし、新たな成長にむけて踏み出していくこと、それによって自己の可能性を最大限に伸ばすことである。

本校独自の自主研究プログラムは昭和53年（１９７８年）から始まったが、このプログラムは学校目標の自主自律の精神をまさに具現化しているといえる。自主研究は、生徒自ら関心のある研究課題を選び、その課題を追究し研究を深め、多様な形で成果発表をするプログラムである。生徒たちは自分が何をやりたいのか、そのために何をしたらよいか、自分で考え、決めなければならない。こうした生徒一人ひとりの探究型の活動を支え、仲間とともに「自分らしさ」を追究していく本校の教育の背後には、この教育活動に携わったすべての教員だけでなく、同窓会の方々、大学関係者など、生徒と学校を支える多くの人々の熱意と努力があったからこそ、40年間継続されてきたものといえる。

本書の目的は、お茶の水女子大学附属中学校の自主研究とはどのような教育プログラムか、この40年間の歩みから自主研究の蓄積を整理し、広く発信することにある。具体的には自主研究とは何か、どのように教員は生徒を指導し、生徒はどのように学ぶのか、また、将来、大学や社会でどのように活かされているのかなどを示すことである。そのことによって、お茶の水女子大学附属中学校のこれまで培ってきた教育の独自性を明確にし、広く公教育に貢献できる道筋を提示したいと考えたからである。

本書は、全8章から構成されている。まず、Ⅰ章は、自主研究の魅力とはどのようなものか例を挙げながら論じている。Ⅱ章は、中学校の3年間でどのように「自主研究」の力を育むのか、どのようなことを学び、どのように研究を進め発表にいたっているか、3年間の流れを述べている。Ⅲ章は、自主研究はどのように行われるか、自主研究のいろはを紹介している。Ⅳ章は、生徒の立場から自主研究の経験を述べている。Ⅴ章は、自主研究の歩みやこれまでの歴史を通して、その困難や紆余曲折、大学や同窓会の協力のもとで行われてきたことなどが書かれている。Ⅵ章は、生徒の自主研究の具体例を挙げ、多様な発表形態の代表的なものを表している。Ⅶ章は、附属高校・大学に進学した卒業生の自由記述から、自主研究がどのように将来に活かされているか論じている。Ⅷ章は、教師の立場から自主研究のQ＆Aを挙げている。

本書は、こうした40年の歴史を持つ自主研究を土台に、本校の教員7名が書き下ろしたが、本校のすべての教員が自主研究の指導と教育実践に関わっており、その教育実践のすべての蓄積が本書に貢献していることはいうまでもない。コラムの執筆に際しては、附属学校園の連携研究の「自学・自主研究」グループに参加した附属幼稚園、附属小学校、附属高校の教員、自主研究を経験した本校の卒業生に協力していただいた。まずはお茶の水女子大学附属中学校の自主研究の詳細とその成果を多くの方々と共有し、より豊かな教育活動へ進む一歩としていきたい。

加賀美常美代

目次

はじめに●加賀美常美代　3

I　自主研究の魅力●中山由美　11

II　自主研究の3年間の流れ●木村真冬　19

III　自主研究はどのように行われるか●佐藤吉高　36
自主研究のいろは「課題設定・課題追究・まとめ」　36
〈コラム1〉遊びを中心とした幼稚園生活●杉浦真紀子・佐々木麻美　64

IV　お茶太郎・お茶子の自主研究●佐々木善子　65
1　本研究に入るまで　65
2　スパイラルな学び　70
3　さまざまな発表の機会　75
〈コラム2〉「主体的・対話的で深い学び」としての自主学習●戸張純男　87

Ⅴ　進化し続ける自主研究●薗部幸枝　89

自主研究の歩み　89
自主研究を支え続けてきた同窓会（鏡影会）　96
〈コラム3〉「自主自律」と高等学校での実践例●佐藤健太・山川志保　98

Ⅵ　自主研究発表事例のいろいろ●西平美保　100

グループ内発表　102
ポスターセッション　104
講堂発表　106
ビジュアル凝縮ポートフォリオ　114
自主研究集録　116

Ⅶ　将来につながる自主研究
——大学や社会で自主研究がいかに活かされているか●加賀美常美代　120

1　中学校における関心事や取り組んだこと　121
2　自主研究のテーマ　121

3　自主研究の学びが高校、大学、社会でどのように活かされているか　124
4　これまでの人生を振り返って附属学校の教育やそこでの体験など自分自身の人生や価値観にどのように影響があると思うか　128
まとめ　132
〈コラム4〉好きなことを好きだと叫べる環境●三宅智之　133
〈コラム5〉自らに問うて●金原凪沙　134
〈コラム6〉他者を認める●戸部和久　135
Ⅷ　自主研究　困ったときのQ&A●西平美保　136
おわりに●加賀美常美代　143
沿　革　146

I　「自主研究」の魅力

やらされ感のない勉強、学習活動はどのように設定することができるのか。教科学習の先にある「学び」「研究」とは何か。今やっている勉強は何につながるのか。そのようなことをあれこれ考えてみても、結局は先生も生徒も保護者もテスト結果を気にし、どの高校に進学できるのかを気にするのが正直なところかもしれない。

お茶の水女子大学附属中学校（以下、お茶中）の「自主研究」は昭和53年度まで遡る。その詳しい歴史については後述するが、今日まで40年もの歴史を経てきている「自主研究」の魅力は、なんといってもテーマも内容も方法も「自らが決定する」ということである。つまり、自分の興味・関心があること、好きなこと、やりたいことを自分で決めて、自分のやり方で実行できるという点が魅力的なのである。その研究は、必ずしも人のため社会のためといった内容でなくてもいい。生徒たちの「自主研究」に対する感想にも、自由であることの魅力について多く書かれている。

その時代ごとに起こる諸問題、環境・人権・国際問題について、仲間と協働して調べたり考えたりする学習は、一般的に総合的な学習の範疇で行われている。この学習は、社会の中の自己の関わりを考える視点をもたせ、問題解決の力をトレーニングするために重要である。しかし、この取り組みは得てして、問題が提示され、それを受けて、取り組む受け身的な学習となりがちなのが正直なところでる。つまり、やりたいからやる、のではなく、やらねばならないからやる、という構図が少なからずある。やりたいからやる、一人で取り組むという意味で、お茶中の「自主研究」はこの総合的な学習と対極に位置づけられる。従来の総合的な学習に、「協働的取り組み」と「個人の取り組み」、「やらねばならない課題」と「やりたい課題」の両極を設定することで、相乗効果があると考える。お茶中の「自主研究」は、自らの興味・関心に基づいて、自身で課題を設定し、自分の力で問題を解決していくものであり、この学習経験が協働的な学習の礎になるであろうことが期待できる。

ところで、自由に何でもやっていいよ、という状況下でやりたいことを明確に設定する、ということは現代において実はとても大変なことでもある。常に「なぜ?」「なにが?」「どうやって?」という疑問をもって物事をとらえる、幼児の時のような好奇心をもち続けていれば、きっとテーマが見つかるのだろう。しかし、現実的には、成長するにつれて、「やりたいこと」よりも「やらねばならぬこと」に追いまくられて、わくわくする好奇心のような視点が徐々に失われていってしまうことが多いように感じる。

すでに一般に定着している、塾を拠点とする受験勉強の体制は、小学校3年生、もっと遡れば幼稚園に上がる前から始まっている。そのような中で子どもたちは、「合格」というゴールを目指して、決められた内容と方法で受験トレーニングすることを日常としている。この、目標も内容も方法もすでに決まっている世界の中で、「優秀」であることを価値基準の中心に位置づけ、子どもも家庭も取り組んでいるのが現実である。このような世界で生きてきた子どもたちにとって、「自由」という言葉は、実は途方に暮れさせることにもなる。テストの点数は取れるけれど、創造力が欠けている子どもたちは珍しくない。

しかしここで、考えてみてほしい。一般常識や教養を身につけたり、知識を習得したりするために勉強するだけではなく、勉強の延長線上には「研究」がある。大学受験まで突破した後、その先にあるのは専門的な「研究」である。大学受験の際に専門領域やコースを選択していたとしても、さらに細分化された専門分野を選択し、自分の研究テーマを決断する時が待っている。その時点で途方に暮れてしまう学生が多いのではないだろうか。

ノルマを粛々とこなすだけになってしまいがちな昨今、内側からわき出てくる好奇心を大切にして、その好奇心を探究によって満足させ、新たな疑問をもつ研究というスパイラルな道に繋げていく、高次な学びの喜びの場や機会を味わえる子どもになってほしいと願う。

そこで、本書ではお茶中が実践してきた「自主研究」を紹介する。のびのび、生き生きと自由に学びの場として展開していく「自主研究」が、どのようにお茶中で実現してきたのか、その「自主研究」の実際を紹介していくことにする。

幼稚園からずっとお茶の水女子大学附属学校園に在籍している子どもたちを、俗に「お茶漬け」と呼んでいる。この「お茶漬け」たちが、のびのび、生き生きと「自由」の世界を謳歌している姿を目の当たりにする。本学附属学校園を貫く「自主自律」は、幼稚園からすでに始まり、小学校、中学校、高等学校へとつながっていく。子どもの好奇心を大切にし、「自由」を謳歌できる柔軟な考え方や感性を育む幼稚園、小学校、高等学校については、コラムで触れていくことにする。

ところで、今から5年前、「自主研究」を初めて見た私の心の中で大きな衝撃が走った。もしかすると、さまざまな教科学習は、「自主研究」のような主体的な活動をするためではないか、そう思えるような驚きと発見だった。

それは、「自主研究」の1時間目の場面である。

毎年度1時間目の「自主研究」の時間では、課題ジャンル別グループごとに集まり、いよいよこれから自主研究に取り組もうとする2年生が、3年生たちに自分のテーマについて一人ずつ説明をし、それに対して3年生がアドバイスをする、ということから始まる。

以下はその時の3年生のアドバイスである。

「ちょっとテーマが大きすぎるね。もっと的を絞った方がいいね」
「このテーマのゴールは何？」
「参考にするその本だけどね。読んでみて損はないけれど、ちょっと違う方に行っちゃうと思うよ」

「アンケートって、ただ取ってもダメだよ」

まるで、大学の卒論のテーマについてゼミ生が意見を出し合っている場面のような、3年生の堂に入ったコメントの嵐だった。それに対して、顔を赤くしながら、しどろもどろで答える2年生。

実はこの3年生たちも、2年生時に上級生や先生に同じようにコメントをされていたのである。このように、初回の自主研究の時間のアドバイス作法は、下級生へ引き継がれているのである。

また、新入生にとっても「自主研究」は魅力的であることが、２０１７年年度入学式での新入生による「入学のことば」に表れていた。

以下は、「自主研究」について述べた部分である。

僕がお茶の水女子大学附属中学校に入学したいと思うようになったきっかけは自主研究です。

僕は、幼稚園の頃から宇宙にあこがれていました。小学校の頃には、両親の支えもあり、宇宙関連のいろいろな展示や講演に行き、知識が深まりました。

お茶中には、自主研究という特色があり、僕の宇宙への関心がもっと高まると思い、この中学校を選びました。

お茶中の学校説明会で見た自主研究は、「アメリカのガイドブックをつくろう」というテーマでした。実際にガイドブックの作り方やアメリカの特産物の紹介が書かれており、興味を引きつけるような構成になっていました。僕も中学生になったら、あのぐらい完成度が高く興味や関心が持てる自主研究をつくりたいと思いました。

自主研究では、主に二つの力が身につくと思います。一つ目は、自分で決めたテーマを追究する、特に見通しをもって行動する「計画力」、もうひとつは「表現力」です。僕は小学校の頃に自主研究よりも期間が短い自主学習の時間に、大好きな宇宙のことについてたくさん調べ、まとめてきました。例えば4年生の時は月について調べ、6年生の時は宇宙の不思議なことについて調べました。しかし、6年生の自主学習では期限日までに学校では終わらず、家で仕上げなければいけませんでした。

このように僕は計画性がないところが短所なので、この自主研究を通して、見通しをもって行動する「計画力」を身につけたいと思います。

前期最後に行われる、3年生による講堂発表（各ゼミからの代表者による全校発表会）や2月に実施する、2年生のグループ内発表やポスター発表に、附属小学校の児童が見学に来る交流をしている。また、受験生向けの学校説明会の場でも、代表者による発表（プレゼンテーション）を紹介している。これから中学校に入ろうとする段階で、積極的に「自主研究」を紹介する機会をつくっている。そのため、お茶中の「自主研究」をあこがれの対象として入学してくることも珍しくなくなっている。

「自主研究」にはどのようなテーマがあるのか、いくつかの例を見てみよう。

「劇団ふろしき」は、ふろしき一枚を使っての一人芝居の研究である。

「パニック映画をつくる」は、プロ顔負けの撮影機材を担いで動画作家の道の研究である。

「おいしいアレンジ炒飯を作ろう！」は、チャーハンが大好きでひたすらおいしいチャーハンの作り方を実験検証する研究である。

「海水の体積膨張による海面上昇～なぜ海水は膨張するのか～」は、科学の専門的なテーマである。

「手話で歌を伝える～耳の聞こえない人と聞こえる人の架け橋になる～」は、手話と顔の表情のしかたの工夫で歌を伝えようとする研究である。

「大崎上島活性化大作戦！」は、おじいちゃんが住んでいる島の村起こしをプロデュースする研究である。


いろいろな領域、分野のカテゴリーに分かれていて、生徒の数だけテーマがある。

「自主研究」は、自由な探究活動にとどまらない。自分の研究について表現、発信する、グループ内発表会・2年後期のポスター発表・3年代表者による講堂発表会があり、研究をまとめる半期ごとのレポート作成・集大成である自主研究集録作成、研究の足跡をふり返って下級生に語る3年生による「ラウンドテーブル」というように、さまざまな技《ワザ》を駆使する学びの場である。

このような子ども一人ひとりの興味・関心に基づく学びを支援していくには、教師の覚悟が重要である。子どもに好きなことをさせているなら、自主的に（勝手に）動くから教師は楽だろうと思われるかもしれないが、それは否である。子どもが自分の好きなテーマをもつということは、異なるテーマについて支援することである。グループの振り分けをおおよそのカテゴリーに分類できたとしても、教師にとって未知の内容の研究を支援することになる。教師は、自分が未知のことであっても、生徒と共に学ぶ姿勢をもち、共に好奇心の火を燃やしながらわくわくしながら学ぶのである。

学びへの子どもの覚悟と教師の支援の覚悟がかみ合うからこそ、「自主研究」のよさが全面に出てくるのである。

どんな小さなことでも、自分が興味・関心をもったこと、好きなことを、とことん突き詰めていけば、それはやがて壮大な研究の世界へとつながっていく。それは、何も世界で初めての発見・発明などというものでなくてもいいのだ。自分の疑問を自分の力で明らかにすることこそ、探究のおもしろさ、醍醐味であり、自主研究の魅力である。

（中山由美）

Ⅱ　自主研究の3年間の流れ

3年間の流れ

自主研究は、3年間を通して課題設定→追究→まとめ・発表→評価を繰り返す中で，探究の方法をスパイラルに学んでいく時間である。

1年前期は自分の興味・関心を発見したり、情報活用の基礎を学ぶ。1年後期は仮説検証型、課題生成型、開発創作型の研究方法についての基礎を学ぶ。

2年前期からは個人研究となり、個人の研究課題の設定→追究→まとめ・発表を行い、課題の設定のしかた、研究の進め方を学ぶ。2年後期はあらためて個人の研究課題を設定し、視野を拡げて追究方法を学びながら、追究→まとめ・発表を行う。

3年前期には、研究のまとめに向けて、研究を再設計し、深く追究して、最後のまとめ・発表を行う。最後の3年後期はこれまでの研究成果を伝え、ふりかえってまとめる。

左の表は、3年間の研究を繰り返す中で、さまざまな研究方法や発表のしかたを学んでいく様子をおよそ表したものである。

表2-1　自主研究の3年間の流れ

自主研究の3年間の流れ

学年	流れ	時期	内容
1年生	ガイダンス ↓ 図書室・PC・公共施設等の利用方法、調べ方 ↓ 夏のミニ自主研究 ↓ ミニ発表会	1年前期	・まず、前期では、自分の興味や関心をみつけながら、「調べ方」を学びます。 ・夏休みにミニ自主研究を体験してみます。
	↓ 自主研究ゼミ 仮説検証型・課題生成型・開発創作型の研究方法 課題発掘セミナー	1年後期	・後期では、3つの研究のタイプについて、課題の設定のしかたや研究方法を学びます。また、様々なジャンルの研究について知ります。
2年生	ガイダンス ↓ 課題設定 ↓ 課題追究 ↓ まとめ（レポート） ↓ グループ内発表	2年前期	・2年生から個人研究を本格的にスタートします。 ・2・3年生合同のジャンル別グループにわかれます。 ・研究の成果を発表します。3年生の研究発表に学びます。
	↓ 課題設定（継続・変更） ↓ 課題追究 ↓ まとめ（レポート） ↓ グループ内発表会 学年発表会 （ポスターセッション）	2年後期	・研究を見直し、修正します。課題は変更することもできます。 ・研究課題を絞り込んだり、研究方法を考えたりしながら、試行錯誤していきます。 ・研究の成果を発表します。 ・学年全員の発表会も行い、研究の中間報告をして、お互いの成果に学びます。
3年生	ガイダンス ↓ 研究継続・再設計 ↓ 最終的なまとめ（レポート） ↓ グループ内発表会 講堂発表会（代表） 生徒祭発表（代表）	3年前期	・研究を継続します。研究を深めたり、発展させたりして、自分らしい研究をめざし、最後のまとめに向かいます。 ・研究の成果を発表します。 ・グループの代表者が講堂発表会や生徒祭で発表します。
	↓ ラウンドテーブル 研究過程の振り返り ↓ 研究集録執筆	3年後期	・1～3年合同の小グループで研究の過程を肯定的に振り返ります。 ・研究内容の要約を集録にまとめます。

［1年前期　探究の基礎を学ぶ］

図書室の利用やインターネットで情報を集める際の注意点など、研究を進めるための基礎を学ぶ。資料館や博物館へ出かけるなどして、好きなテーマで試しにミニ研究を行い発表する。

◉オリエンテーション

図書室の使い方を司書の先生から説明

◉ミニ自主研究発表会

画用紙にまとめて発表

伝え方を工夫

〔1年後期　探究方法を学ぶ〕

実験によって仮説を検証したり、フィールドワークから課題をみつけたり、テーマに基づいて作品を製作したりする事例を体験的に学ぶなどの講座を通して、仮説検証型・課題生成型・開発創作型の研究方法の基礎を学ぶ。後期に実施する課題発掘セミナーでは、卒業生や大学の先生などさまざまな分野の方のお話を伺い、関心を拡げる。

◉探究方法の講座

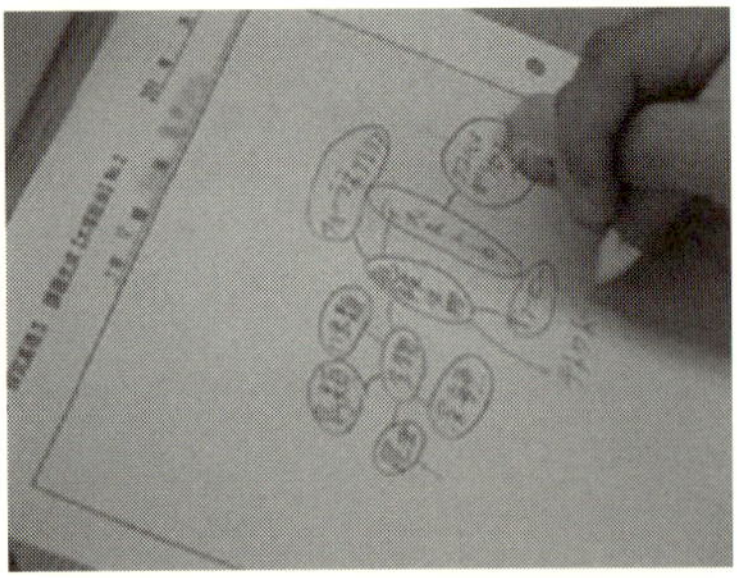

関心のあることから追究課題を作成する方法を経験する

実験して検証する方法を経験する

◉課題発掘セミナー

大学の先生の授業

卒業生の授業

【2年前期　研究課題の追究】

２・３年合同の課題ジャンル別グループに分かれて、個人研究を始める。担任や顧問教諭、先輩からアドバイスを受けて、課題について検討する。各グループ１～２名の顧問の教員は、できるだけ専門性を生かして研究課題の絞り込みや研究の進め方についてアドバイスを行う。内容によって研究方法はさまざまであり、自分なりの方法をさぐりながら、個人で研究を進める。

◉課題設定へのアドバイス

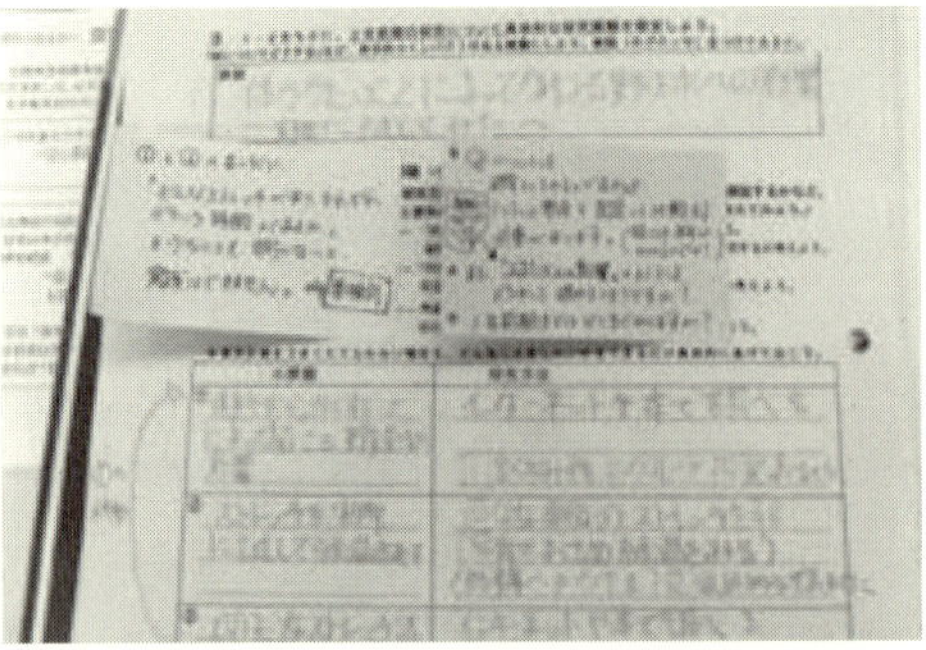

担任から課題決定票へのアドバイス

先輩からの経験を生かしたアドバイス

顧問からジャンルの特色に合わせたアドバイス

毎回の記録は自主研究日誌に記録し、顧問とやりとりする。３年間使用する日誌には、研究のしかたについての資料や毎回の記録のページなどがあり、研究ノートなどと一緒に自主研究ファイルに入れて活用する。夏休みには研究レポートをまとめる。

◉自主研究日誌

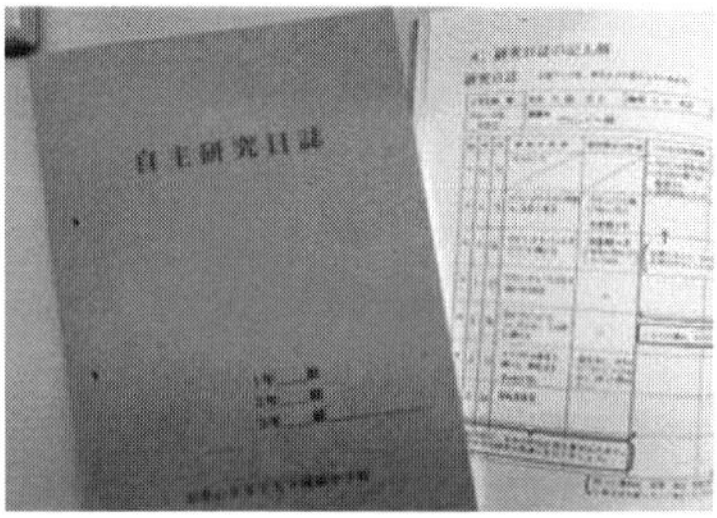

◉自主研究ファイルとノート

◉夏休みレポート

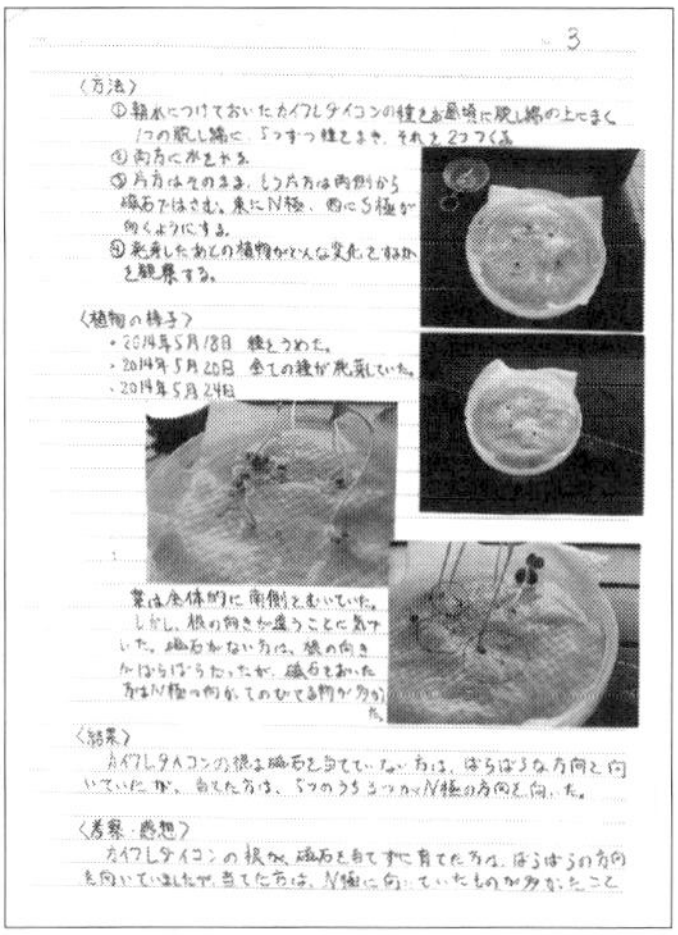

夏休み明けにはジャンル別グループ内での発表会を行い、先輩やお互いの研究内容や発表に学ぶ。

◉グループ内発表会

プロジェクターを使った発表

模造紙を使った発表

相互評価用紙に記入

[2年後期　本格的な研究課題の追究]

2年後期にあらためて研究課題を設定し、3年前期まで継続して追究する。2年前期から1年半かけて課題を追究し、掘り下げていく生徒も多くみられる。後期は2年生だけの少人数のグループとなり、じっくりと取り組んでいる。

◉個人で課題追究

創作をする

資料を調べる

実験を行う

学校図書館では個人の研究課題にそった書籍の紹介や助言を司書や図書室担当教員が行っている。

◉学校図書館のサポート

図書室に掲示された自主研究へのアドバイス

研究課題にそった書籍の展示

学習法に関する書籍の展示

2年後期はグループ内発表だけでなく、学年発表会も実施する。

◉2年学年発表会〔ポスターセッション〕

体育館で学年全員が交替で発表する

研究の中間報告を行う

さまざまな内容の発表をきいて学び合う

【3年前期　研究をまとめる】

いよいよ研究のまとめとなる。２年後期からの研究課題について、あらためて見直し、研究計画を練り直して追究する。可能であれば専門家に質問したり、外部研究のコンクールに応募する生徒もいる。夏休

◉大学の先生からのアドバイス

大学の先生に質問する

◉企業の方からのアドバイス

企画に対する助言を受ける

み明けにグループ内発表会を行い、研究成果を発表する。そして、各課題ジャンル別グループから代表者1名を選出し、大学講堂において、全校生徒を対象に発表会を行う。1、2年生にとっても先輩の自主研究に学ぶ場である。

◉**講堂発表会**

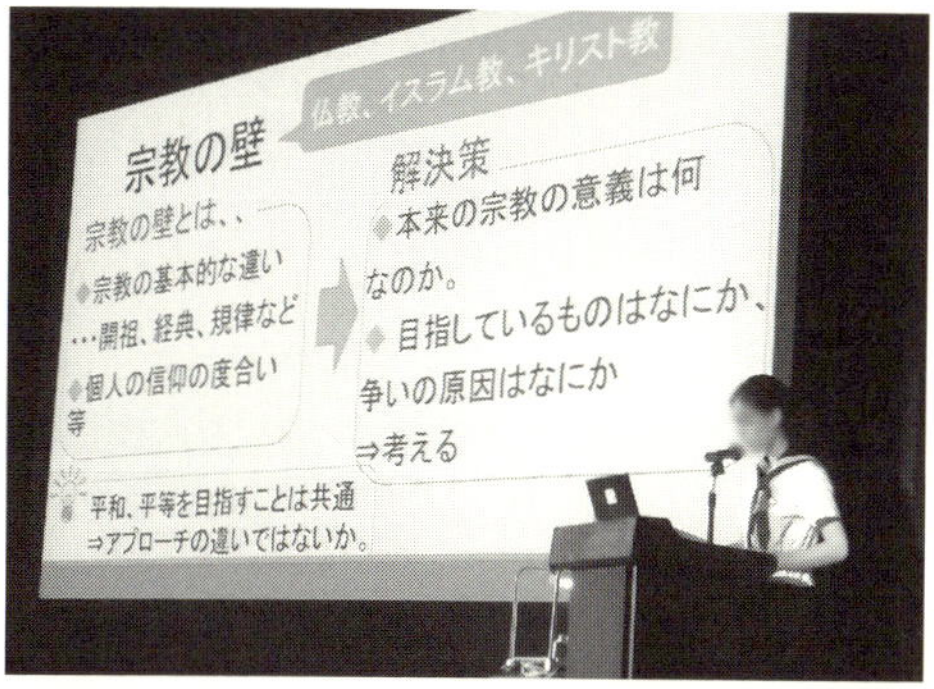

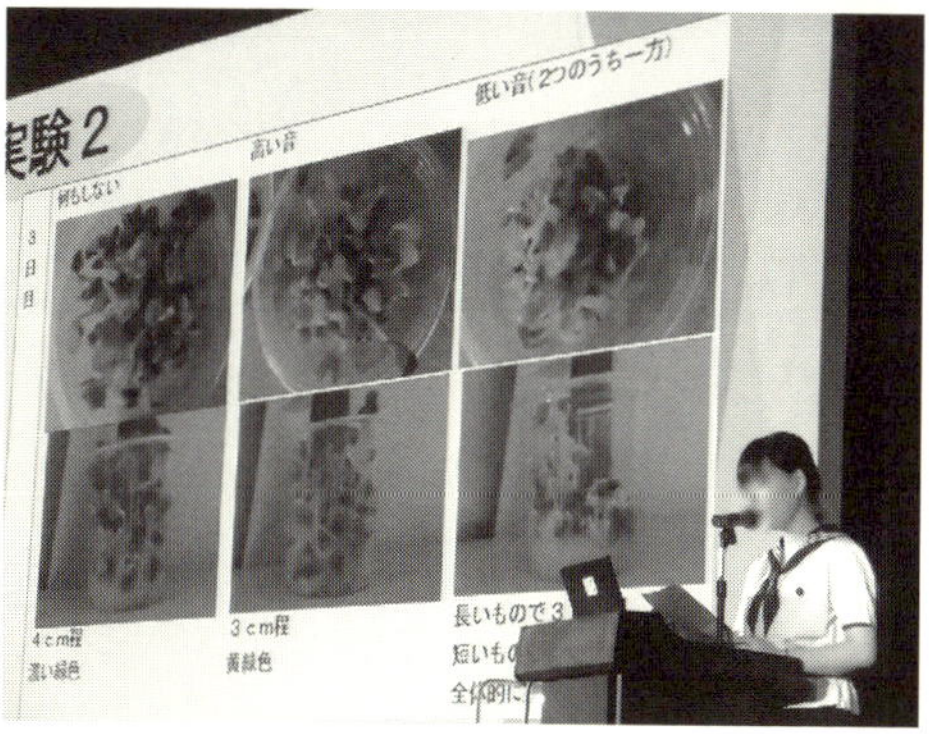

◉プレゼンテーションの例

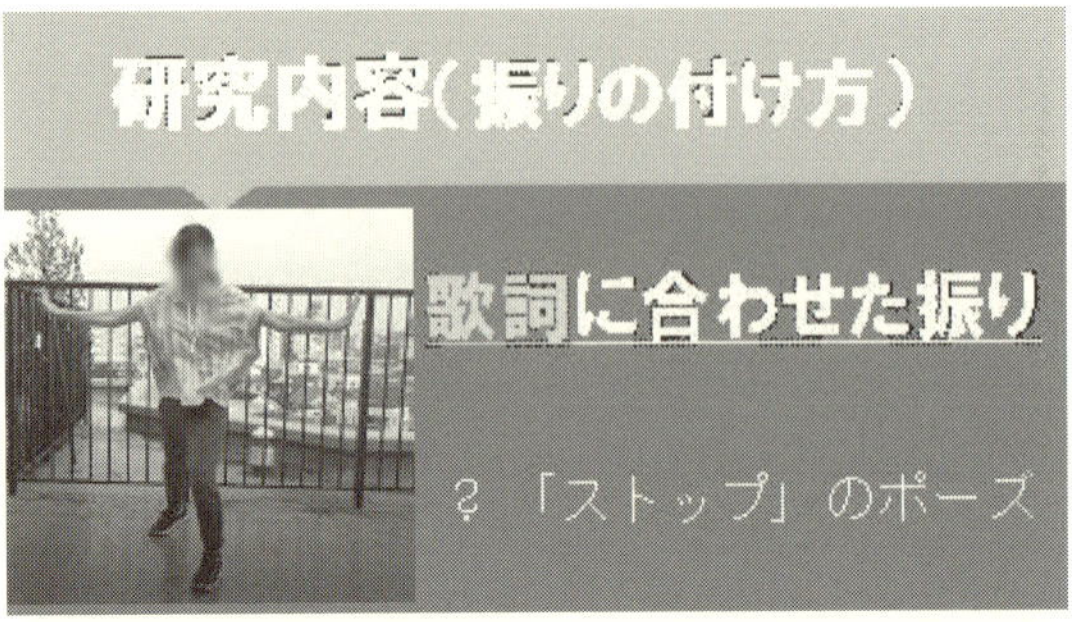

振り付けしたダンスの映像

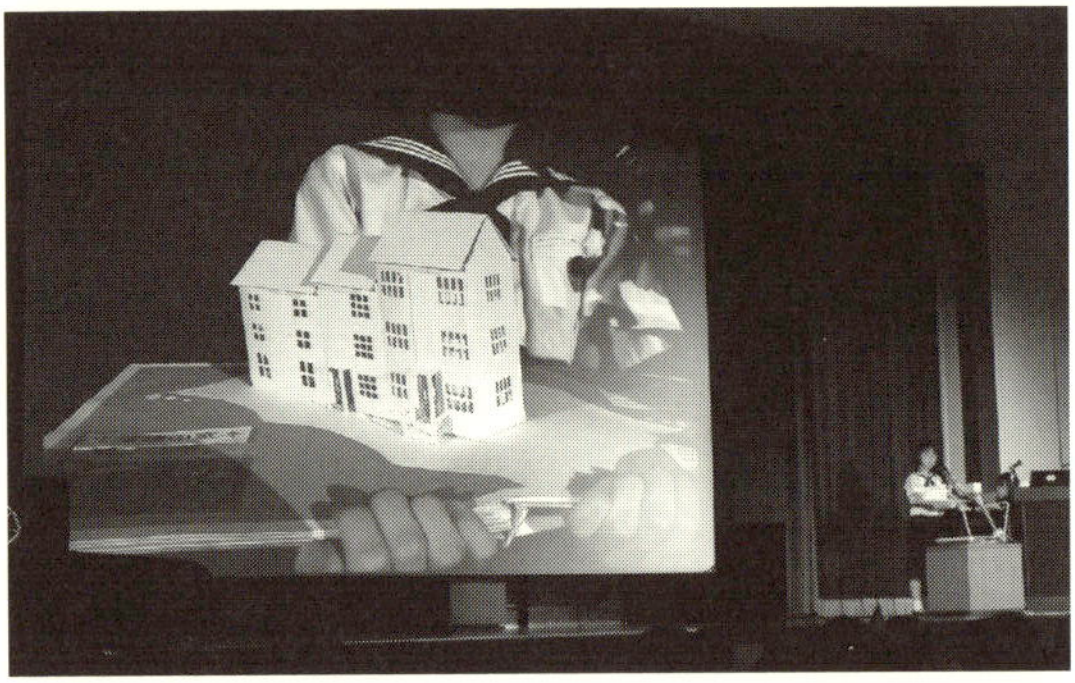
制作した作品の提示

作曲した曲の演奏

生徒祭では各課題ジャンル別グループの代表者がポスター発表を行い、自主研究を紹介する機会としている。

◉生徒祭ポスター発表会

【3年後期　研究をふりかえる】

全校生徒が縦割りグループにわかれ、研究過程をふりかえり、下級生へのアドバイスを行うラウンドテーブルを行う。下級生や教育実習生、社会人の方にもわかりやすく研究やその過程について発表し、コメントをいただく。研究がうまくいったこともいかなかったことも、全部含めて肯定的に振り返る。

◉ラウンドテーブル

研究の過程をビジュアルに表現

研究をふりかえって語る

経験をふまえて下級生にアドバイス

そして、卒業を前に一人ひとりが研究内容や経験を整理し、コンパクトに要約をまとめ、研究集録として冊子を作成する。

◉自主研究集録

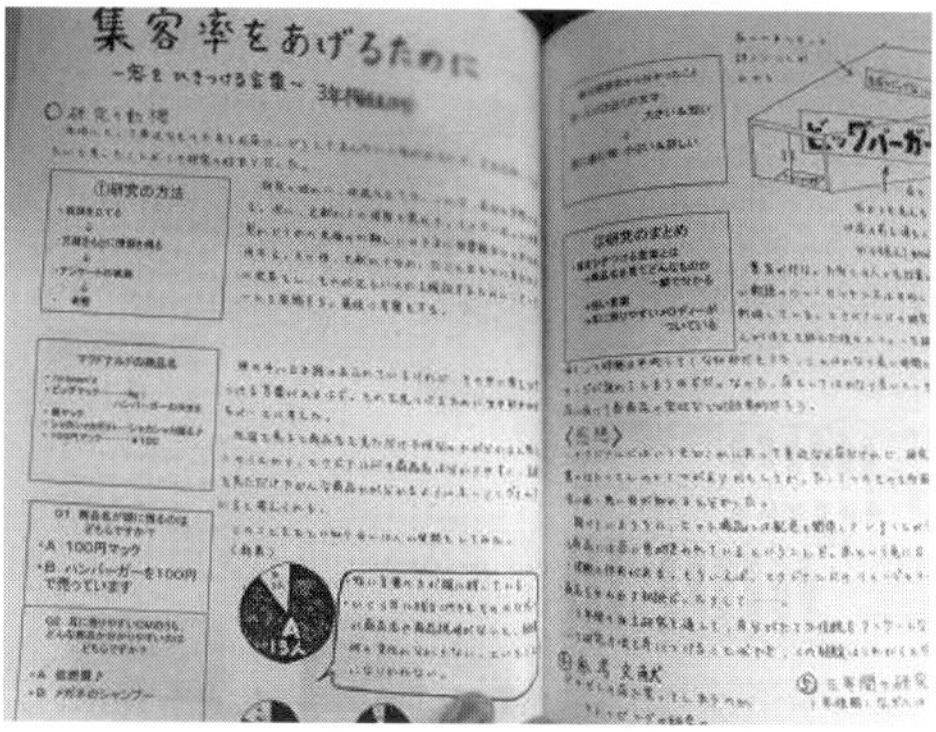

研究内容の要約をまとめる

各教室の本棚に先輩たちの自主研究集録が置かれている

（木村真冬）

Ⅲ　自主研究はどのように行われるか

「自主研究」のいろは　「課題設定・課題追究・まとめ」

（1）課題設定――自主研究はテーマ設定が勝負

学校で学ぶ活動の中には「研究」と関わりの深い活動が数多くある。たとえば、自由研究や各教科の調べ学習、総合的な学習の時間での多様な課題解決型学習などがあげられるが、それらの学習では、自分の興味・関心のある事柄や社会として解決しなければならない事柄などに関するさまざまな課題を、自分たちで発見しどうしたら解決できるのかについて考え深めていくことが大切になる。

しかし、いきなり「自分の好きなことや興味があることを自由に調べましょう」「解決したい課題をみつけましょう」と言われても、自分が何に興味・関心があるのか、どこに課題意識をもっているのか自分自身でもよくわからず、どうすればよいかわからないという生徒は少なくない。自分の好きなことや自分なりの着眼点を見つけ、深く掘り下げることは簡単なように見えて、実は奥が深いのである。

本校で取り組んでいる「自主研究」においても、課題設定は一番のキーポイントと言える。自分のさまざまな興味・関心の中から、「これは」というものを一つ選び、研究として深めるための道筋を見いだしていくためには、いくつかのテクニックが必要となる。

ここでは、本校の自主研究で実践している『課題設定』に関するさまざまな取り組みを、「視覚化」「共有・発想」「整理・具体化」の三つの視点から捉え、紹介したい。

●『視覚化』

ここでの『視覚化』とは、自分の興味・関心のある事柄について自分の頭の中を整理し、その内容を可視化することで研究の本質を明らかにすることを指す。その『視覚化』に関わる本校の主な実践はマッピング（ウェビング）である。マッピングは、自分の好きなことや興味のあること、趣味などをワークシートの中心の枠に置き、それに関連するものをどんどん派生させていきながら広げていく発想法の一つである。このマッピングを行うことで、自分がどんなことに興味・関心をもっているのか、そのテーマのどんな方向に関心があるのかを捉えることができる。また反対に、マッピングを行うことで好きだと思っていたことが実は表面的で、深く知りたいものではないことが明らかになることもある。自分の興味・関心を一度図解化しながら自由に広げることで、自分の興味の偏りや関心の度合いを目に見える形にし、自分の興味・関心の本質を捉えていくことは、自主研究を進めていくうえで最も大切となる。マッピングで自由に発想を広げることが難しい生徒には、マンダラート（強制連想法）を活用させ、テーマに関連することを

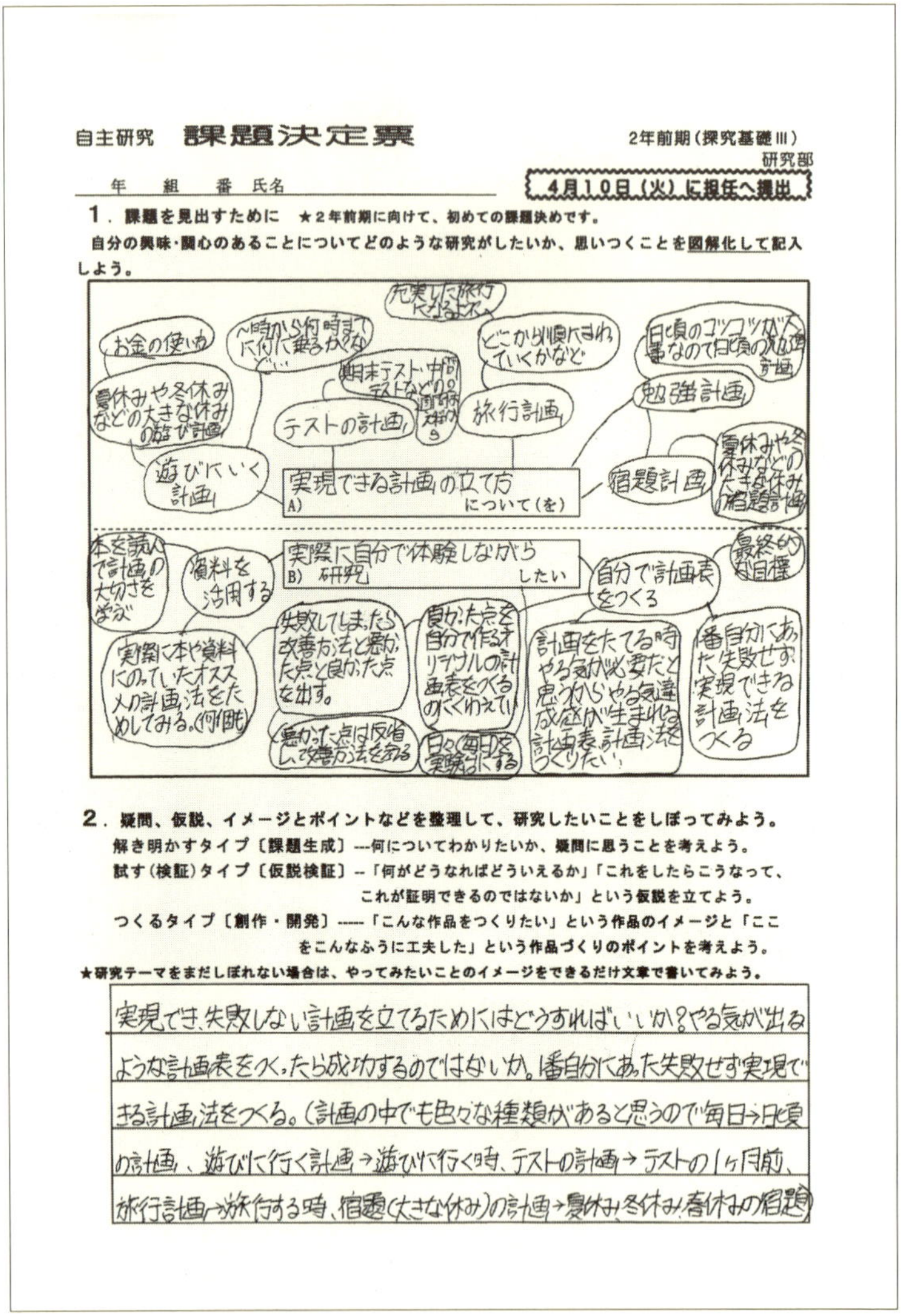
自主研究　課題決定票　　2年前期（探究基礎III）
研究部
年　組　番 氏名　　4月10日（火）に担任へ提出

1．課題を見出すために　★2年前期に向けて、初めての課題決めです。
自分の興味・関心のあることについてどのような研究がしたいか、思いつくことを図解化して記入しよう。

2．疑問、仮説、イメージとポイントなどを整理して、研究したいことをしぼってみよう。
解き明かすタイプ〔課題生成〕---何についてわかりたいか、疑問に思うことを考えよう。

試す（検証）タイプ〔仮説検証〕--「何がどうなればどういえるか」「これをしたらこうなって、これが証明できるのではないか」という仮説を立てよう。

つくるタイプ〔創作・開発〕-----「こんな作品をつくりたい」という作品のイメージと「ここをこんなふうに工夫した」という作品づくりのポイントを考えよう。
★研究テーマをまだしぼれない場合は、やってみたいことのイメージをできるだけ文章で書いてみよう。

図3-1　マッピング図　例1

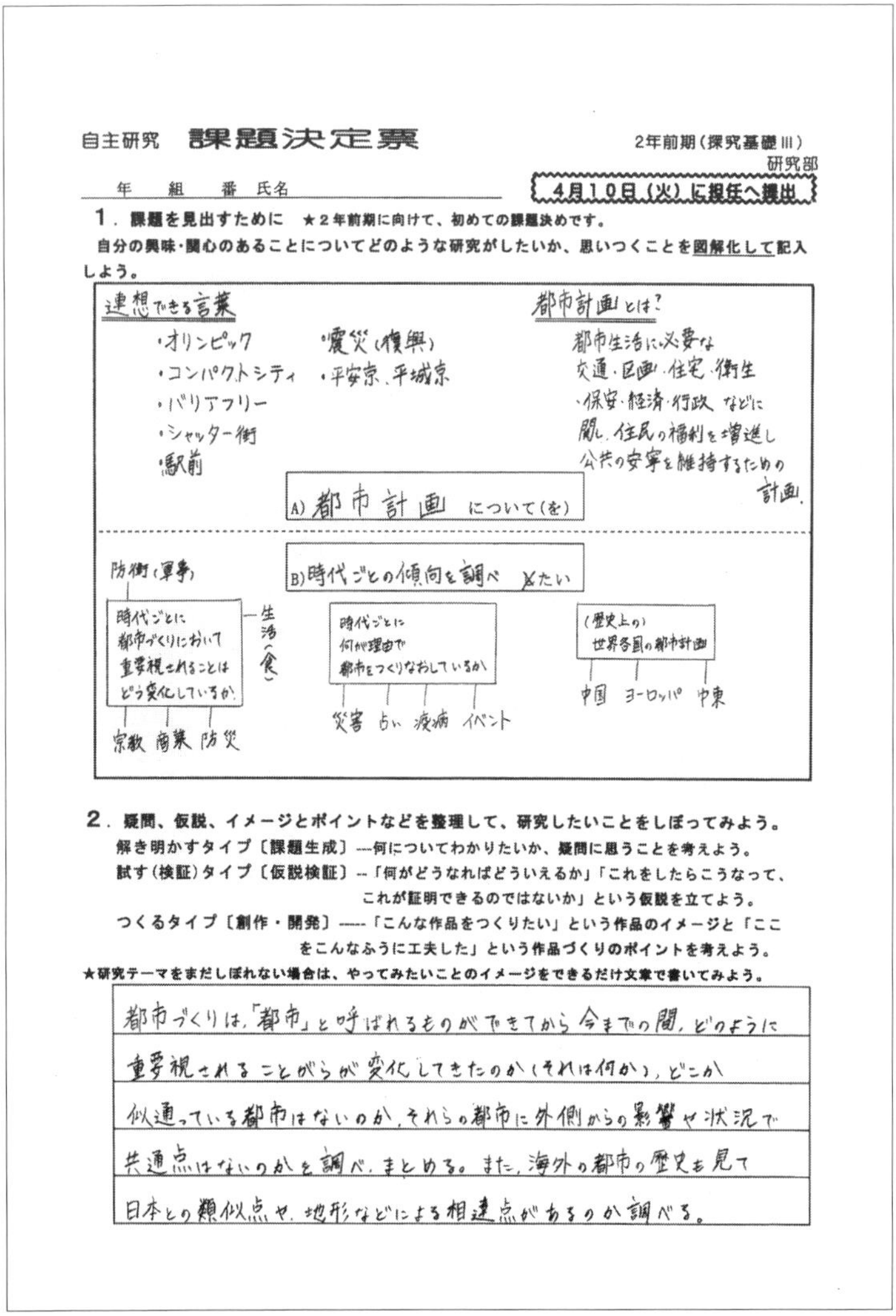

自主研究　課題決定票　　2年前期（探究基礎III）
研究部

年　組　番　氏名　　4月10日（火）に担任へ提出

1．課題を見出すために　★2年前期に向けて、初めての課題決めです。
自分の興味・関心のあることについてどのような研究がしたいか、思いつくことを図解化して記入しよう。

2．疑問、仮説、イメージとポイントなどを整理して、研究したいことをしぼってみよう。
解き明かすタイプ〔課題生成〕---何についてわかりたいか、疑問に思うことを考えよう。

試す（検証）タイプ〔仮説検証〕--「何がどうなればどういえるか」「これをしたらこうなって、これが証明できるのではないか」という仮説を立てよう。

つくるタイプ〔創作・開発〕-----「こんな作品をつくりたい」という作品のイメージと「ここをこんなふうに工夫した」という作品づくりのポイントを考えよう。
★研究テーマをまだしぼれない場合は、やってみたいことのイメージをできるだけ文章で書いてみよう。

都市づくりは、「都市」と呼ばれるものができてから今までの間、どのように重要視されることがらが変化してきたのか（それは何か）、どこか似通っている都市はないのか、それらの都市に外側からの影響や状況で共通点はないのかを調べ、まとめる。また、海外の都市の歴史も見て日本との類似点や、地形などによる相違点があるのか調べる。

図3-1　マッピング図　例2

ある程度強制的に考えさせたり、思い切ってテーマを変えてマッピングを行わせたりすることを勧めるなどの対応も必要となる。ただ、課題設定で最も大切なことは『自分の好きなこと』をとことん考えてみることである。調べやすさや他者からの評価を考えるあまり、『自分の好きなこと』からテーマが逸れてしまわないように留意が必要である。

●『共有・発想』

ここでの『共有・発想』とは、他者と関わる中で研究について個の思考から脱却し、多角的な視点から自分の研究を捉えることを指す。その『共有・発想』に関わる本校の実践は二つある。

一つ目は、「ブレインストーミング」である。「ブレインストーミング」は、相手の意見を否定せず、思いついたことをどんどん提案し合う質より量を重視した話し合いの手法の一つである。興味・関心の幅が狭い1年次や思考に偏りが生じた時に活用すると効果的である。本校では1年次のミニ自主研究のテーマ設定時に活用している。自分一人でテーマを広げられない場合に、少人数のグループでブレインストーミングを行い、自分の研究テーマに関するマッピングシートに、グループのメンバーで相互に思いついた内容を書き足していく。そうすることで、自分の気がつかなかった視点に気づくことができ、研究テーマ設定の際の助けとなる。

二つ目は「課題決めディスカッション」である。研究を進めていくうえで、研究テーマの異なる生徒や異学年の生徒から、違った角度からのアドバイスをもらうことは、自分の研究の方向を決めるうえで重要

〈上級生が下級生の研究テーマ発表を聴く視点〉
①本人の意欲が感じられる研究となっているか。
②約半年間、研究が続けられるだけの内容になっているか。
③課題や小課題は漠然としていないか。
④それぞれの小課題を追究するにあたって、その研究方法は適しているか。他に良い方法はないか。
⑤計画された小課題を追究（解明）していくと、立てた仮説や疑問点は明らかになるか。
⑥単に調べるだけの研究にとどまっていないか。
⑦資料をもとに研究を深める課題の場合、その資料は手に入れられそうか。また、二つ以上の資料を扱うことが前提とされているか。
⑧理解しづらい言葉はないか。

〈下級生が上級生に研究テーマを発表する際に意識する視点〉
①課題や小課題は漠然としていないか。
②仮説や研究のゴールは何か。
（あるいは、どのような研究過程・研究結果になると予想しているか）
③それぞれの小課題をどのような研究方法で解明（追究）していくのか。
④資料をもとに研究を深める課題の場合、その資料をどのように手に入れるのか。
⑤初めて研究内容を聴く相手にとって、理解しづらい言葉はないか。

図3-2　課題決めディスカッション時に生徒に示す視点

となる。本校では自主研究のスタートにあたり、全学年に課題決めディスカッションを位置づけ、自分の研究について語り、指摘し合う活動を取り入れている。この「課題決めディスカッション」は、研究テーマの異なる2、3年生（後期は2年生）で小グループを作り、そのグループの中で課題決定票をもとに、上級生が半年間の研究の成果と研究の過程について、下級生が自分の研究の概略について発表しあう中で、上級生と下級生が相互に気づいたことを指摘しあう方法で実践している。この活動では、上級生が自分の研究活動について語り、下級生の研究テーマ設定や道筋についてアドバイスをすることや、下級生が上級生に研究を進める上で重要となるポイントについて質問をし、上級生の研究で疑問に思う点を伝えることを通して、相互に自身の研究についてふり返ることを大切にしている。異学年での「課題決めディスカッション」は、積み重ねてきた研究の過程には大きな差があるが、上級生にとっては自分の研究を、初めて聞く相手に対してもわかりやすく伝えたり、自分の研究を客観的にふり返ったりする機会となるなど大きな効果が期待できる。また、下級生にとっては、上級生の研究内容や方法、苦労話など自分がこれから研究を進める上で重要となるポイントに関する生の声を聞ける貴重な機会となる。本校では課題決めディスカッションを充実したものにするために、図3-2の視点を生徒に示し、実践している。

●『整理・具体化』

ここでの『整理・具体化』とは、研究の道筋を明確にし、ゴールまでの具体的な研究手順や研究内容を整理することを指す。自主研究を効果的に進めていくためには、研究発表に向けて調査内容や調査方法、分析方法、まとめる方向性、発表方法などの具体を明らかにし、研究計画を立てながら進めていくことが重要となる。その『整理・具体化』に関わる本校の実践は三つある。

一つ目は、「研究の型」の提示である。自主研究を進めるにあたり、自分が興味・関心のある事柄をどのように深めていくかを考える手段として、三つの研究の型を提示することで、自分の研究の方向性を定めやすくできるようにしている。また、生徒の研究の型を明確にさせることで、教員が生徒の研究にどのようなアドバイスすればよいかが明確になり、支援もしやすくなる。「研究の型」は、課題決定のためのマッピングの後の、研究の方向性を決めていく際に活用すると効果的である。本校で生徒に提示している三つの型は表3-1の通りである。この「研究の型」は1年次の探究基礎Ⅱのステップで、ゼミ形式で重点的に学び、2年生からの本格的な研究の際には常に生徒に意識させながら進めている。

表 3-1 「研究の型」と生徒の研究例

課題生成型	仮説検証型	創作・開発型
調査したことをもとに自分なりに考察し課題を見出すタイプの研究。	自分なりに仮説を立てて、実験等をしながら調べるタイプの研究。	作品を創作しながら、自分なりの工夫を行うタイプの研究。
例）「道州制を検証する」 道州制の概要、長所・短所を調べた結果、「財政赤字につながる」との仮説を立てて内閣府の専門家に話を聞きに行く。その結果、道州制に賛成という意見をまとめる。	例）「小顔になるには」 表情のゆがみで顔の輪郭がゆがむと仮説を立て、側頭骨のゆがみを矯正することができると予想される顔の体操を３週間実験し、最終的に顔のサイズの変化を計測する。	例）「折り紙～複数の折り紙を使って～」 １年次に調べた既成作品の折図をもとに２年次に既成作品を改良する。最終的には３年次に自分で「天馬」の折り方を考え、作品を創作する。

二つ目は、「小課題の設定と調査方法の検討」である。自主研究の大テーマを解決するために明らかにすべき小課題を設定させ、それを明らかにしたりまとめたりする具体的な方法について考えさせる機会を、研究がスタートする前に設定している。研究を深めることができない要因として、「調査や資料収集がしづらいテーマ設定」や「深めたい内容が絞り切れていないテーマ設定」、「調べ学習にとどまってしまう小課題設定」などがあげられる。興味・関心があっても、その内容を研究としてきちんと調べていけるのかという視点はとても重要となる。好きなテーマを定めたとしても、どうやって調べてよいか・何を調べればよいかわからなければ研究は一向に進まない。テーマ設定の際には、自分のテーマを調べる具体的な調査方法として文献調査、インタビュー調査、現地調査、アンケート調査、実技調査などのさまざまな調査方法の中から、自分の課題に適した方法をどのように選択すべきかについて考えさせている。また、小課題を設定させることで、自分の研究を結論付けるための、根拠や道筋を持つという視点について意識づけを行っている。このような見通しを持っ

た状態で研究をスタートすることが非常に重要となる。ただ、これらについては生徒が自分で考えるだけではなかなかうまくいかない部分も多い。そこで大切になるのが次の実践である。

『整理・具体化』に関わる三つ目の実践は、「担任・グループ顧問による面談指導」である。生徒は研究のねらいや目的、研究方法、小課題を記入した課題決定票をもとに、担任とグループ顧問と1回ずつ面談を行う。面談の際に担任・顧問は共通の視点からアドバイスを行い課題決定票のコピーにアドバイスを記入しながら面談を行う。最終的に生徒は、その面談を受けた後に課題決定票を修正し、グループ顧問の確認を受けて研究に入る流れをとっている。面談では自分の研究について自分の言葉で語り、研究の方向性や調査方法について教師と相談をしていく。面談を通して研究の構想も徐々に固まり、道筋が見えれば、生徒は自分の力で研究のゴールへと向かっていくことができる。もちろん、すべての研究がクリアにゴールまでを見通せるわけではない。研究を進める中で、方法を考えていく場合もある。大切なことは、教師が生徒のやりたいことに寄り添い、どうやったらその研究が実現可能になるのかについて、アドバイスしながら共に考えていくという姿勢である。面談指導の展開手順と支援の視点は表3-2を参照されたい。

また、研究を支援するためのグループとして、本校では5カテゴリー・14グループに生徒を振り分け、より専門的な視点からアドバイスができるようにするとともに、研究テーマの方向性の似ている生徒同士で切磋琢磨しながら研究を進められるようにしている。この「課題ジャンル別グループ」の詳細は表3-3を参照されたい。

本校では、前述してきた「視覚化」「共有・発想」「整理・具体化」のポイントを『課題決定票』の中に盛り込み、生徒と教師がそれを共有し、相互に話し合いながら生徒の自主研究を支えている。課題決定票を表3-4に示す。

表 3-2　面談の手順と展開例

① 『課題決定票』とそのコピーを活用し、共通の視点から面談指導を行う。

② 担任・顧問からのコメントはコピーの方に色ペンで記入し、面談終了後に『課題決定票』とコメント入りのコピーを生徒に返却する。

③ 担任・顧問からのコメントを見ながら、生徒は課題決定票に色ペンで修正を加える。もしも、すべて書き直さなければならないほどの修正が必要であれば、新しく課題決定票を渡す。

④ 修正が終わり、顧問の了承を得た生徒は、自主研究日誌の研究計画を記入し、チェックを受ける。

⑤ 課題決定票と研究計画表の両方で顧問の了承が取れた生徒は研究を始める。

【面談指導の支援の視点】

① 課題検討のためのウェビングがきちんと書けているか。

② 研究課題（大テーマ）を設定し、研究の構想を立てることができているか。

③ 研究課題を支える具体的な小課題を三つ程度あげることができているか。

④ 小課題に対応した適切な研究方法を書けているか。

⑤ 小課題を解決していく具体的な見通しをたて、研究計画を考えることができているか。

表 3-3　自主研究のカテゴリーと課題ジャンル別グループ

カテゴリー	芸術と人間	言語と記号	くらしと文化	自然と環境	運動
課題ジャンル別グループ	文学研究 創作	言語	社会と文化	理科一般	文化とスポーツ
	映画・演劇	記号	歴史	工作・栽培	スポーツの科学
	美術		健康		
	音楽		生活		

表 3-4　課題決定票の実際（表）

2018.2.9

自主研究　**課題決定票（下書き）**　2年前期（探究基礎Ⅲ）
研究部

年　組　番　氏名　　　　**月　日（　）に担任へ提出**

1．課題を見出すために　★２年前期に向けて、初めての課題決めです。

自分の興味･関心のあることについてどのような研究がしたいか、思いつくことを図解化して記入しよう。

A)　　　　　　　　について（を）

B)　　　　　　　　したい

2．疑問、仮説、イメージとポイントなどを整理して、研究したいことをしぼってみよう。

解き明かすタイプ〔課題生成〕---何についてわかりたいか、**疑問に思うこと**を考えよう。

試す（検証）タイプ〔仮説検証〕--「何がどうなればどういえるか」「これをしたらこうなって、これが証明できるのではないか」という**仮説**を立てよう。

つくるタイプ〔創作・開発〕-----「こんな作品をつくりたい」という**作品のイメージ**と「ここをこんなふうに工夫した」という**作品づくりのポイント**を考えよう。

★研究テーマをまだしぼれない場合は、やってみたいことのイメージをできるだけ文章で書いてみよう。

表 3-4　課題決定票の実際（裏）

3．１・２をもとに、**２年前期の研究について具体的な研究課題を設定しよう。**

「何についてどうする」など、具体的でインパクトのある課題にしよう。副題（サブテーマ）をつけてもよい。

課題

4．**課題を解決するための小さな課題（小課題）を３～４つ程度記入しよう。**

小課題に対応させながら、それぞれの研究方法を考えよう。（何を使って調べるか、どのように検証するかなど。

前期自主研究の活動「5～7月に6回と夏休み　夏休み後にグループ内発表」でやれることを考えてみよう。）

解き明かすタイプ（課題生成型）-----「何について明らかにするのか」、疑問に思うことを考えよう。
疑問に思うことを明らかにするために、何をどうやって追究するか考えよう。

試すタイプ（仮説検証型）-------------「何がどうなればどういえるか」という仮説を立てよう。
仮説について、どうやって試したり検証したりするか考えよう。

つくるタイプ（開発・創作型）--------作品のイメージと作品づくりのポイントを考えよう。
自分のイメージの作品をどうやってつくっていくかを考えよう。

★研究計画をうまくたてられない場合も、どんなことをしたいかをできるだけ具体的にあげておこう。

小課題	研究方法
①	
②	
③	
④	

《担任の先生や顧問の先生から一言アドバイスなど》

担任印	顧問印

年　組　番　名前　　　　　　ｸﾞﾙｰﾌﾟ

表 3-5　過去の自主研究テーマ一覧

カテゴリー	過去の自主研究テーマ	課題ジャンル別グループ
芸術と人間	西尾維新作品の分析～とがめを軸にした世界観の構築～	文学・創作
	西尾維新作品の特徴と魅力	文学・創作
	沢山の人気を集めるディズニーの魅力とは？	映画・演劇
	日本の映像技術を分析して「どこがそんなに人を魅了するのか」を解明しよう！	映画・演劇
	演劇部の意地！演技が上手くなりた～い（＾－＾）	映画・演劇
	大ヒットアニメーション映画の秘密を探る!!	映画・演劇
	みんなで考える大河ドラマ～傾向をつかむ～	映画・演劇
	Endless SHOCK 日本一チケット入手困難なミュージカルのさまざまな秘密と裏側について～新しい演出を考えよう！	映画・演劇
	アリエルになりきろう～ミュージカルの基礎を知り、ミュージカル風に歌う～	映画・演劇
	プロに近づく!?　写真の撮り方	美術
	フィルターを使い、写真を撮りたい！	美術
	パラパラマンガを魅力的に伝える。～表現の工夫～	美術
	西洋画に見られる日本との関係（浮世絵など）～日本に憧れていた!?～	美術
	オリジナルのキャラクターを考え、さまざまなポーズで絵を描く	美術
	いろいろな時代の少女漫画の絵柄の特徴をつかむ	美術
	二眼レフカメラ女子になる！	美術
	〝風刺画〟のヒミツをさぐる！～風刺画は、どんなことを表している？～	美術
	人気キャラクターの秘密にせまる！	美術
	「建築×しかけ絵本」を作る	美術
	マスコットキャラクター作り	美術
	究極のボーカロイドを作る！	音楽
	ミュージカル女優になるためには？	音楽
	作詞・作曲をしてみよう！いきなり作るとどうなるのか……？	音楽
	これから人気が出る音楽とは？　～RADWIMPS、AKB48、ジャニーズ、松田聖子から～	音楽
	ボカロソングの CD の歌詞カードをデザインする	音楽
	世界の中高生がハマる曲事情。～目指せ！ Billboard 1 位！～	音楽
	映像と音楽～実際に映像に合わせて曲をつくってみよう～	音楽
	効率的なピアノ奏法とは？	音楽
	K-POP と文化－K-POP と J-POP のちがい・日本と韓国の文化の相違点の検証～	音楽

カテゴリー	過去の自主研究テーマ	課題ジャンル別グループ
言語と記号	世界各国で思う「共通言語が母国語になればいいのに」という思いを解決するために	言語
	ラジオに学ぶ！ 人をひきつける、魅力的な話し方～個人の見解～	言語
	翻訳の秘密～通じないギャグ～	言語
	プログラミングを習得する	記号
	色の見え方に関する目の錯覚	記号
	有名なアニメ・小説を面白く科学的に証明してみた。	記号
	将棋の戦い方	記号
くらしと文化	国際都市「TOKYO」の課題は？	社会・文化
	お笑い芸人をプロデュースする	社会・文化
	いろいろな国の神話の原点となる神や、背景などの共通点を探し、人々が考える理想郷を探す！	社会・文化
	多くの人にサッカースタジアムに来てもらうには？	社会・文化
	2020年に向けた都市環境～中央区の取組み～	社会・文化
	ディズニーリゾート～何でそんなに人気なのか!?～	社会・文化
	行きたくなるスーパー	社会・文化
	日本から見てトランプはどのような存在なのか。	社会・文化
	どうやったら保健所にいる犬の数を減らせるか？	社会・文化
	人はなぜ、山を目指すのか。	社会・文化
	期間を分けていくつかの種類の宝くじを何枚か買い当たりの有無などを記録する	社会・文化
	現代の経済について論文を書く	社会・文化
	蒸気機関の歴史を追ってみよう！	歴史
	憲法の由来	歴史
	「姓・名」の起源～人類・日本それぞれの歴史～	歴史
	英雄とはどういうものか	歴史
	絵巻物をつくるための下調べをしよう！	歴史
	ギリシャ神話に出てくる神々どうしの関係や人々の関係とは？	歴史
	長岡が空襲を受けた原因をさまざまな視点から調べ結論を出しまとめる。	歴史
	丸ノ内線開通と丸ノ内線の歴史～60年の長い歴史をたどる～	歴史
	目指せ!!究極の朝食づくり!!～どんな朝にも適した食事を～	健康
	脳卒中～なぜできるの？ 予防法は？ 遺伝する？～	健康

カテゴリー	過去の自主研究テーマ	課題ジャンル別グループ
くらしと文化	朝スッキリ起きるには？	健康
	日常にひそむ悪いくせを見つける	健康
	より良い学習方法とは何か、調査と実践で突き止める	健康
	花粉症の錠剤に含まれている成分とその効果や働き～花粉症の薬の種類～	健康
	免疫～自己免疫疾患について～	健康
	乳児の心の発達を調べ安心出来るグッズを考える～乳児はなぜ泣き、そしてなぜ泣きやむのか～	健康
	実践!! 記憶力を UP するには……？	健康
	落ち着いて行動するには？～せっかちを直す～	健康
	小児歯科の将来	健康
	“BEST” ヘアケア品を探す。	健康
	短時間で集中力アップ↑～効率の良いリラックス方法☆～	健康
	睡眠と勉強の関係～効率の良い勉強をするには～	健康
	『よい睡眠』って何だろう？	健康
	視力低下を食い止めよう！～視力低下の原因と回復する方法をつきとめる～	健康
	アニマルセラピーに参加する～動物を通して人間が「健康」になるには～	健康
	世界の郷土料理を知る～似ていることや違うことを見出す～	生活
	フランスのお菓子、日本ではどう？	生活
	あま～いものと日本人	生活
	お店のような料理を家庭でも	生活
	時を超えて～世界の伝統的な服について調べる～	生活
	ファッション雑誌に載るような洋服はどのようなものが売れやすいのか、～売れやすいデザイン～	生活
	誰もが美味しく食べられる、お菓子のレシピを作ろう！	生活
	お店の食感を、家庭で再現できるのか？～スポンジケーキ編～	生活
	自分に合った着物を作ろう！	生活
	アロマオイルで生活を豊かにする～アロマオイル一滴が秘める力～	生活
	チョコレートの歴史にせまる！～チョコレート誕生のエピソードと歴史的変化～	生活
	掃除を効率よくするために～目指せ、時短マスター！～	生活
	添加物を見抜く～長生きしたいあなたへ～	生活
	みそ汁を新たな視点から見つめる～究極に合う食材を探せ！～	生活

カテゴリー	過去の自主研究テーマ	課題ジャンル別グループ
くらしと文化	自分が健康だと思うおいしいお菓子を作る！ ～栄養と味の関係性を洋菓子から学ぶ。～	生活
	究極のたこやきを作る	生活
	グッドヘルスクッキング　成長期のあなたへ	生活
自然と環境	クモの生態や生息地域について	理科一般
	犬の種類によって異なる特徴を知る!!	理科一般
	野菜やフルーツのしぼり汁から沈縮された色素をとりあえずとりだそう！	理科一般
	宇宙で生命が生まれる条件	理科一般
	やってみよう！　犬の定番行動!!　～自分の犬はできるかな？～	理科一般
	映画 THE DAY AFTER TOMORROW" を気象学的に検証する。	理科一般
	Which wind do I like?　～風の名前と発生～	理科一般
	地球温暖化を防ぐ～持続可能な未来～	理科一般
	進化を予想する	理科一般
	天体における生命存在の可能性について	理科一般
	人工的に四つ葉を作れるか？	理科一般
	気象予報士にチャレンジ～私の天気予報～	理科一般
	プラスチックを使って実験する。	理科一般
	犬でも狼でもない者～狼犬～	理科一般
	体の神経はどのようにつながっているのか～手の神経編～	理科一般
	自分の理想の家の模型を作る！	工作・栽培
	身近な電子機器の仕組みを知ろう	工作・栽培
	安全な遊具をつくる	工作・栽培
	mine machines	工作・栽培
	アップルの次の製品は何だ!?　～人工知能～	工作・栽培
	理想の車を目指して～ My Dream Car ～	工作・栽培
運動	海外と日本の合気道の違いは何？	文化・スポーツ
	バレエについて「1」から考える～自分らしさを求めて～	スポーツ科学
	プロのようなフリーキックをけるには　～カーブ、無回転の極意～	スポーツ科学
	陸上選手や体操選手の体を解剖する	スポーツ科学
	自分の足に合うトウシューズを追求する！　～人の足の形のパターンから考える～	スポーツ科学
	アスリートが自己ベストを出すための食事～駅伝選手～	スポーツ科学

（2）課題追究——研究をより深めるために

課題が定まった生徒は、いよいよ自分の研究に取り組み始める。一人ひとりが全く異なるテーマを設定し、研究を進めていくので、同じグループに所属する生徒とはいえ、個々の研究の状況をつぶさに観察し、適切に支援することが研究を深める大切な要素となる。

本項ではその支援に関する具体的な実践を、「研究の方向性の確認と修正」「資料の充実に向けて」「進捗状況のふり返り」の三つの視点から整理したい。

●研究の方向性の確認と修正

自主研究がスタートすると、生徒はまず、研究計画の作成に取り掛かる。研究の時間はどのくらいあるか、資料の準備や整理にどのくらいの時間がかかるか、実験・実技、インタビュー、アンケートなどの活動をどのタイミングに実施するかなどについて考え、自分の研究の全体像をつかみながら、自主研究日誌に計画を立てていく。生徒が計画を立てる際には、グループ顧問と生徒が相談をしながら調べる順番や実験・実技、まとめの予定、研究方法の妥当性等について確認を行い、生徒の研究がより自分の追究したいことに近づくよう支援することを心掛けている。生徒は自分の目指す課題や具体的な道筋が明確になればなるほど、計画に沿いながら主体的に活動を始めていく。限られた学校での自主研究の時間を充実させるためには、生徒が主体的に研究に必要な準備を行い、毎回の活動を計画に基づきながら進めていく必要がある。

自主研究の時間では、文献をもとに調べる生徒、DVDや動画視聴をもとに調べる生徒、実技・演奏をする生徒などその活動は多岐にわたる。その生徒の活動を支援するために、その日の時間で何をもとに何を調べるのかという目的意識を持たせることは重要なことである。その日の活動を始める前に、グループの生徒の活動内容を確認し、機器や活動場所の調整をしたり、資料の有無を確認したりする支援や、資料のありかや調べる内容に関する助言といった教師の関わりが、生徒の研究活動を促進させる。うまく資料が見つけられなかったり、調べる内容の方向が研究の結論からずれてしまったりする生徒には、そのつど声をかけ、研究のゴールに向けてどうアプローチすればよいか生徒自身が考えられるように働きかけることを意識している。「○○しなさい」ではなく「□□を解決するためには○○の方法もあるけれどどうする?」といった問いによる支援も本校が大切にしてきていることである。

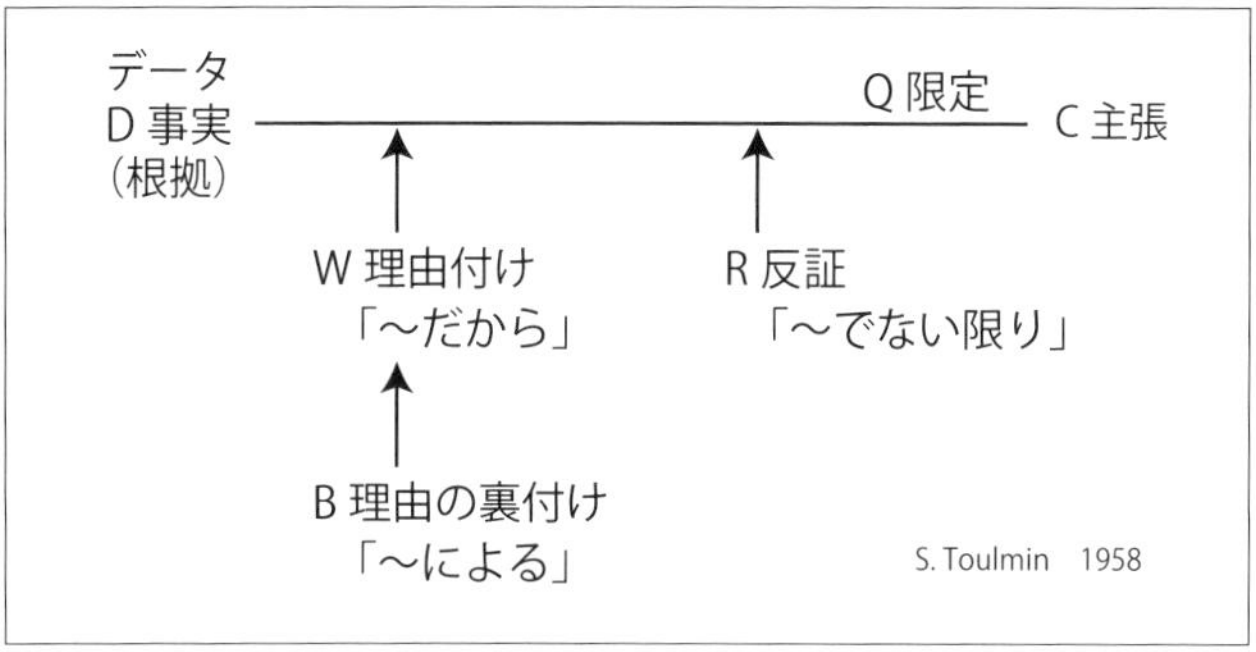

図 3-3 トゥールミン・モデル

二つ目はトゥールミン・モデルの活用である。トゥールミン・モデルは「議論の構造」を分析するツールとして各方面で検討され、用いられてきた。

自主研究においても、この論理モデルを活用することで、自分が何らかの主張を述べたいときに、データや理由の裏付けが必要であるこ

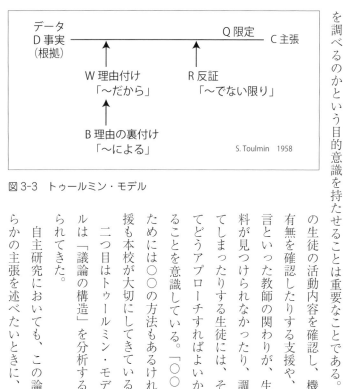

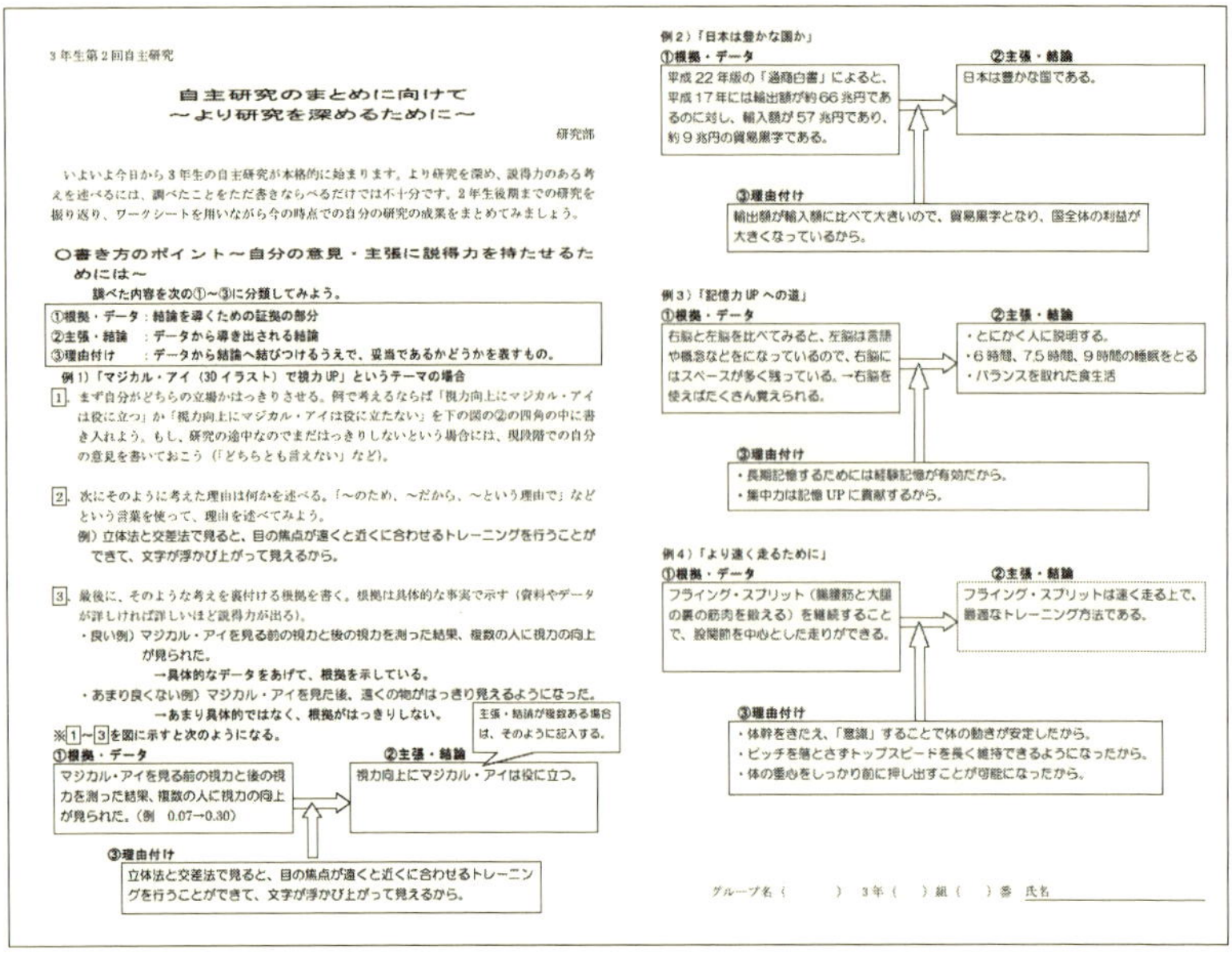

3年生第2回自主研究

自主研究のまとめに向けて
〜より研究を深めるために〜

研究部

いよいよ今日から3年生の自主研究が本格的に始まります。より研究を深め、説得力のある考えを述べるには、調べたことをただ書きならべるだけでは不十分です。2年生後期までの研究を振り返り、ワークシートを用いながら今の時点での自分の研究の成果をまとめてみましょう。

○書き方のポイント〜自分の意見・主張に説得力を持たせるためには〜

調べた内容を次の①〜③に分類してみよう。

①根拠・データ：結論を導くための証拠の部分
②主張・結論　：データから導き出される結論
③理由付け　　：データから結論へ結びつけるうえで、妥当であるかどうかを表すもの。

例1)「マジカル・アイ（3Dイラスト）で視力UP」というテーマの場合

1. まず自分がどちらの立場かはっきりさせる。例で考えるならば「視力向上にマジカル・アイは役に立つ」か「視力向上にマジカル・アイは役に立たない」を下の図の②の四角の中に書き入れよう。もし、研究の途中なのでまだはっきりしないという場合には、現段階での自分の意見を書いておこう（「どちらとも言えない」など）。

2. 次にそのように考えた理由は何かを述べる。「〜のため、〜だから、〜という理由で」などという言葉を使って、理由を述べてみよう。
例）立体法と交差法で見ると、目の焦点が遠くと近くに合わせるトレーニングを行うことができて、文字が浮かび上がって見えるから。

3. 最後に、そのような考えを裏付ける根拠を書く。根拠は具体的な事実で示す（資料やデータが詳しければ詳しいほど説得力が出る）。
・良い例）マジカル・アイを見る前の視力と後の視力を測った結果、複数の人に視力の向上が見られた。
→具体的なデータをあげて、根拠を示している。
・あまり良くない例）マジカル・アイを見た後、遠くの物がはっきり見えるようになった。
→あまり具体的ではなく、根拠がはっきりしない。

※1〜3を図に示すと次のようになる。

主張・結論が複数ある場合は、そのように記入する。

①根拠・データ
マジカル・アイを見る前の視力と後の視力を測った結果、複数の人に視力の向上が見られた。（例　0.07→0.30）

②主張・結論
視力向上にマジカル・アイは役に立つ。

③理由付け
立体法と交差法で見ると、目の焦点が遠くと近くに合わせるトレーニングを行うことができて、文字が浮かび上がって見えるから。

例2)「日本は豊かな国か」

①根拠・データ
平成22年版の「通商白書」によると、平成17年には輸出額が約66兆円であるのに対し、輸入額が57兆円であり、約9兆円の貿易黒字である。

②主張・結論
日本は豊かな国である。

③理由付け
輸出額が輸入額に比べて大きいので、貿易黒字となり、国全体の利益が大きくなっているから。

例3)「記憶力UPへの道」

①根拠・データ
右脳と左脳を比べてみると、左脳は言語や概念などを担当になっているので、右脳にはスペースが多く残っている。→右脳を使えばたくさん覚えられる。

②主張・結論
・とにかく人に説明する。
・6時間、7.5時間、9時間の睡眠をとる
・バランスを取れた食生活

③理由付け
・長期記憶するためには経験記憶が有効だから。
・集中力は記憶UPに貢献するから。

例4)「より速く走るために」

①根拠・データ
フライング・スプリット（腸腰筋と大腿の裏の筋肉を鍛える）を継続することで、股関節を中心とした走りができる。

②主張・結論
フライング・スプリットは速く走る上で、最適なトレーニング方法である。

③理由付け
・体幹をきたえ、「意識」することで体の動きが安定したから。
・ピッチを落とさずトップスピードを長く維持できるようになったから。
・体の重心をしっかり前に押し出すことが可能になったから。

グループ名（　　　）　3年（　）組（　）番　氏名

図3-4　トゥールミン・モデルをもとに作成したワークシート

と、さらにその根拠は客観的資料に則ることで、より説得力を持たせることができると意識付けすることができる。自主研究に当てはめると、「自分の明らかにしたい結論はなにか」「結論のもとになるデータ・根拠はなにか」「結論と根拠の関連」の三点について研究を始める前に検討をすることとなる。自分のテーマで明らかにしたいことを明確にし、それを明らかにするためにはどのような資料・データを集める必要があるかについて検討し、その資料やデータが本当に自分の結論を裏付けるものとなるのか考えることは、深い研究を行っていくうえで重要となる。

　ただし、自由にテーマを設定する研究のすべてを、この論理モデルに当てはめて考えていくのは難しい。そのため、活用の際には自主研究の初期段階で過去の自主研究をもとに、いくつ

かの記入モデルを示したうえで記入させる方法をとることが望ましい。この論理モデルをもとに整理させることを通して、研究には結論を裏付ける根拠となるものが必要で、その根拠も結論を主張するのに整合性のあるものであることが大切であることを意識づけさせたい。したがって、この論理モデルの活用は、ある程度研究方法を経験した2年次以降に活用することが適切であると考える。三つの空白ボックスを全て埋めることが出来なくても、課題が明確になることにより、これからの研究で自分がどのようなことを明らかにすればよいか生徒自身が視覚化できるとともに、教師も生徒の課題を簡単に把握することができ、助言を行いやすくすることができる。

●資料の充実に向けて

研究を深めていくためには、それなりの資料が必要になる。研究に必要な資料は生徒自身が集めることが基本となるが、学校の自主研究の時間での資料収集も生徒の研究を支援する貴重な機会となる。本校では、図書室司書と連携し自主研究の課題と関連する書籍のコーナーを作ったり、新たな書籍を購入したりしながら生徒の研究活動を支えている。また、学校の自主研究の時間に図書室を活用できるような利用体制を整えている。一度に多くの生徒が図書室を利用することや、図書を探すだけで時間を終わらせてしまうことを避けるために、各グループの顧問が時間設定をし、その時間の中で図書室の書籍を調べ、それをもとに資料から得られる情報をまとめられるような利用方法を採用している。そして、資料を活用するたびに、その文献名などをきちんと自主研究日誌に記録させることも徹底している。

自主研究の基となる資料は文献や視聴覚資料、調査・実験データだけとは限らない。自分の研究に関わる専門的な人々からの情報も貴重な資料となる。博物館や美術館なども含めて、自分の目で直接見て、直接話を聞ける機会をできるだけ持つことができるよう生徒にも意識づけしている。教員も生徒の研究テーマに合わせて、人材を紹介したり、連絡先を紹介したりといった支援を工夫している。本校の場合、大学附属という性質上、大学研究室とのつながりも強い。各専門領域で研究をしている大学の研究室にインタビュー調査をお願いしたり、本学の卒業生にインタビューをお願いしたりと、外とつながりを持ちながら、さまざまな人々の協力を得て研究を進められる体制をとっている。「本物に触れる」ことは生徒の研究意欲を格段に掻き立てる。「無理だ」とあきらめずに、まずはさまざまなところに連絡をとってみることの大切さを生徒には伝えている。依頼先とアポイントメントをとることも生徒にとっては貴重な自主研究の学びの一つとなっている。

●進捗状況のふり返り

研究をスムーズに進め、より深めていくためには、自分の研究を客観視しながら進捗状況や研究の方向性を確認することが大切である。その確認の機会を確保するために本校で取り組んでいる実践がある。それは「自主研究日誌」である。

自主研究日誌には、研究の進め方やまとめ方に関する資料が記載されているが、それらの資料に加えて自身の研究計画や研究の経過記録を記載するページがある。毎回の自主研究の時間の最後には、その日の研究活動をふり返り、成果のまとめや課題点、次回の活動の内容や活用する資料を記載する。教師はその日誌を確認し、生徒一人ひとりの進捗状況を把握するとともに、状況によってはアドバイスをコメントする。この日々のやり取りも、生徒の研究を支える大切な要素の一つとなっている。

（3）まとめ――研究を整理し伝える・ふり返る

さまざまな資料や調査・実験データ、インタビュー内容をもとに進める自主研究の最後には成果発表がある。自分の興味・関心のあることについて多くの人に知ってもらうことは、自分の研究を継続する上で大きなモチベーションとなる。本校の自主研究の中のまとめに関する実践は「さまざまなまとめの方

研究日誌

年　組　番	氏名	顧問	年度　期
グループ名	課題名		

回	月	日	研究の計画	資料集めの計画	この日の研究課題	使った資料
1						
2						
3						
4						
5						
6						
7						
8						

★3年前期の重点目標は【まとめ方を学ぶ】ことです。研究の成果をしっかり伝えられるように、まとめ方を考えましょう。

自己評価
1　計画どおりに進んでいますか。
2　研究に熱心に取り組めましたか。
3　今日の研究は楽しかったですか。
（A,B,Cで記入しましょう。）

成果のまとめ	1	2	3	顧問サイン

図3-5　自主研究日誌「活動の計画と記録」のページ

法と発表の機会の確保」「まとめ（発表）を次につなげる工夫」の二点から整理できる。

●さまざまなまとめの方法と発表の機会の確保

研究をまとめる方法にはポスターやレポート、プレゼンテーションなどの多様な方法がある。その多様な方法の中から自分の研究内容を伝えるために最も効果的な伝達方法を考えることも自主研究で学ぶべき大切な要素である。

まとめの方法として一番基本となるのは、画用紙や模造紙を使い、文字情報を中心に成果をまとめ、伝える方法であるが、3年間の自主研究を通して、生徒は多様なまとめの方法を身につけていく。研究を整理するための「研究のねらいや動機、研究方法や研究内容、成果・課題」といった大まかなアウトラインを全体で共有し、そのアウトラインに沿って自分の研究をまとめていく。まとめる際には文字情報だけでなく、図表や実演、視聴覚機材を活用することもアドバイスしている。1回の成果発表だけでは、まとめる力はなかなか伸びていかないが、一連の研究の過程を繰り返すことや他の生徒の発表をみること、多様な発表の仕方を経験することでこれらの力は徐々に向上していく実感がある。

また、自分の研究を発表する機会がきちんと確保されていることも、研究を効果的に進めていくためには重要である。本校では3年間の中でまとめと発表に関する活動を表3-6のように位置付けて実施している。

表 3-6

自主研究のステップ	まとめと発表の方法	発表対象グループ
1 年探究基礎Ⅰ	・ミニ自主研究レポート（画用紙レポート）	・学年の生活班を中心
1 年探究基礎Ⅱ	・ワークシート等に整理	・探究ゼミ（ミニ研究）
2 年探究基礎Ⅲ	・グループ内発表（模造紙・プレゼンテーションソフトなど） ・自主研レポート（レポート用紙）	・同一グループ生徒 10 ～ 20 名程度 ・レポート提出
2 年探究発展Ⅰ	・課題決めディスカッション（口頭発表＋資料） ・グループ内発表（模造紙・プレゼンテーションソフトなど） ・自主研レポート（レポート用紙） ・ポスターセッション（模造紙使用の学会形式）	・異学年混同グループ 6 名程度 ・同一グループ生徒 10 ～ 20 名程度 ・レポート提出 ・1、2 年生徒＋小学生＋保護者
3 年探究発展Ⅱ	・課題決めディスカッション（口頭発表＋資料） ・グループ内発表（模造紙・プレゼンテーションソフトなど） ・自主研レポート（レポート用紙） ・講堂発表（代表者のスライドによるプレゼンテーション） ・生徒祭ポスターセッション（模造紙）	・異学年混同グループ 6 名程度 ・同一グループ生徒 10 ～ 20 名程度 ・レポート提出 ・全校生徒 ・一般来校者
3 年探究発展Ⅲ	・自主研究収録（1 人 2 ページの集録冊子） ・自主研究ラウンドテーブル（ビジュアル凝縮ポートフォリオ）	・集録冊子 ・異学年混同グループ 8 ～ 10 名

●まとめ（発表）を次につなげる工夫

本校の自主研究は、1回の研究を次につなげ、3年間を通して自分の好きなことを深く追究していくという特色がある。成果のまとめに関しても、一つのまとめ・発表が次の自身の研究に生きていくように成果発表の際には「相互評価用紙」を活用している。

相互評価用紙は、すべての発表の際に活用しているものである。自分の研究を聞いてもらったすべての人から相互評価用紙に評価と自由記述によるコメントをもらう。評価の観点は「研究の意欲」「研究内容」「説得力」「自分の意見」「伝達の工夫」を基本としているが、近年は評価観点を焦点化するために「研究内容」「伝達の工夫」の二点に絞って評価をしている。聴き手は、研究の内容や発表の仕方について、よい点・改善すべき点を見極めたうえで観点評価を行い、発表者に役立つコメントを書き込む。発表者が入れ替わる短い時間での記入だが、その内容は発表者にとって次につながる大切な材料となる。実際に使用している相互評価用紙は図3-6に示す。

自主研究　相互評価用紙

発表者氏名＿＿＿＿＿＿＿＿

A：よい、B：ふつう、C：もう少し

① 研究の内容が充実しているか・・・・・・(　　)

（論に筋が通っている、オリジナリティーがある、自分の視点がある、多面的、分析的、等）

② 分かりやすく伝える工夫があるか・・・(　　)

（話し方、資料提示の内容や方法、等）

コメント（伝わったこと、参考になる点、助言、等）

記入者氏名＿＿＿＿＿＿＿＿

図3-6　相互評価用紙

また、ポスターセッションや講堂発表の

際にも用紙の形は異なるが、同様の相互評価用紙を活用し、自分の研究や発表に関するフィードバックを行っている。これらの評価活動を繰り返すことで研究を評価する視点を養うと同時に探究方法を学ぶことにもつなげている。

相互評価用紙で得た内容は、自主研究日誌に記録する形で整理し、自分の研究を客観的にふり返ることができるようにしている。自主研究日誌の実際は図3-7に示す。

自主研究の中の多くの成果発表・評価活動を通じて、さまざまな仲間の発表方法の工夫やまとめ方の工夫を知り、刺激を受けることにより自分の発表の質もどんどん高まっていく。特に、全校生徒の前で代表生徒が発表する講堂発表は、本校生徒にとってあこがれの機会となっており、そのような機会を作ることも研究活動を意欲的に進めるためには大切な要素となっている。

最後に学習プロセスのふり返りを次の研究につなげる取り組み、「ビジュアル凝縮ポートフォリオ」を紹介したい。自主研究では、研究発表や展示物などの学習成果物に対する評価に加えて、課題

2年後期　自己評価表

年　組　番	氏名	顧問	年度　期
研究課題 （新・継）			

これまでの研究をふり返り、各項目について A,B,C のいずれかに○をつけなさい。
（ A よくできた　B ほぼできた　C もう一歩 ）

【1　課題発見と意欲】
① 自分にとって意味ある課題を見出せましたか。　（ A B C ）
② 意欲的に課題を追究できましたか。　（ A B C ）

【2　探究方法と計画】
① 課題にあった探究方法が選べましたか。　（ A B C ）
② 計画的に研究を進められましたか。　（ A B C ）

【3　まとめと発表　】
① 研究内容を効果的にまとめられましたか。　（ A B C ）
② 研究内容を工夫して発表できましたか。　（ A B C ）

あなたの発表について、同じグループの友達からはどんなアドバイスをもらいましたか

友達からのアドバイスを、あなたは今後の研究でどう生かしていこうと思いますか

★２年後期の重点目標は、【発表方法を学ぶ】ことでした。じっくりと取り組めましたか。
原稿の組立て、声の大きさや速さ、使用する道具、リハーサルの効果...などを考えながら「伝えたいこと」をうまく表現できましたか。

図 3-7　自己研究日誌の自己評価表

の設定の仕方や探究方法といった研究過程そのものについて評価することが重要となる。その評価方法について検討していく中で、堀哲夫の提唱する「ワンページポートフォリオ評価法（以後ＯＰＰＡ）」に着目した。ＯＰＰＡは、一枚の用紙に評価の情報を集約し、構造化する評価方法である。日々の授業で最も大切なことのみを取り上げた必要最小限の情報の蓄積を活用し、構造化することで学習過程を明確にまとめることができる特徴がある。そこで本校では、ＯＰＰＡの考え方を参考に、研究過程（課題設定、課題追究、まとめ・発表）を「失敗、思考、成功」の観点でふり返り、その足跡を一枚の画用紙に視覚的にまとめる「ビジュアル凝縮ポートフォリオ」による学習プロセス評価を実施している。

自主研究の最終段階「探究発展Ⅲ」の中で実施するラウンドテーブルは、１年から３年までの各学年２〜３名で編成する小グループで実施する。このラウンドテーブルは、３年生が「ビジュアル凝縮ポートフォリオ」を聴き手に示しながら自分の研究過程について語り、肯定的に聞き合う中で研究の足跡を省察する活動である。３年生にとっては、ポートフォリオを活用し自分の研究の紆余曲折について語りながらふり返る機会となる。後輩にとっては先輩の研究の失敗談や挫折をどう乗り越えたか、成功の秘訣といった生の声を聞くことで、自分の研究の方向性を再考するきっかけとなる。ラウンドテーブルで直接話が聞ける先輩の数には限度があるが、ビジュアル凝縮ポートフォリオを作成しておけば、その場で聞くことができなかった先輩の研究過程についても後から視覚的にふり返ることもできる。研究の結果だけではなく研究の過程を共有し、その方法論を次の代につないでいくことも本校の自主研究の大きな特徴と言えよう。ビジュアル凝縮ポートフォリオの実際については、114―115頁を参照されたい。

（佐藤吉高）

参考文献

井上尚美『言語論理教育入門——国語科における思考』明治図書出版、1989年。
堀　哲夫『教育評価の本質を問う——一枚ポートフォリオ評価』東洋館出版社、2013年。

コラム 1

遊びを中心とした幼稚園生活

附属幼稚園では、子どもたち一人ひとりがやりたいことを見つけ、自分から人やものや環境に関わって遊びに取り組んでいくことを大切にしている。子どもたちが自分の思いにしたがってつくり出す生活の中で、教師は子どもたち一人ひとりにとって信頼できる人になることを心がけ、一人ひとりにあわせた指導を、その時々に行っている。こうした信頼関係や安心感を基盤に、子どもたちはものや人により関わっていくようになる。一方で、外の世界との関わりが増えてくると、楽しい時ばかりではなくなってくる。うまく関われないもどかしさや、自分の思い通りにならない悔しさなどを感じ、葛藤も経験する。そのような時、教師や周りの人たちに受け止められることで、子どもたちは安定して自分らしさを発揮していく。こうして自信をつけた子どもたちは、「もっとこうしてみたい、こうなりたい」と、人やものと、より探究的に関わるようになり、夢中で遊び込む姿や、じっくりとものごとに取り組む姿へとつながっていく。

このように、幼稚園では、遊びを中心とした生活の中で、子どもたちの学びの芽をじっくりと育んでいる。

（杉浦真紀子・佐々木麻美）

Ⅳ　お茶太郎・お茶子の自主研究

自主研究において、生徒達は実際にどのようなことをするのでしょうか。これから、僕たちお茶太郎とお茶子が、３年間でどのように自主研究に取り組んだのかを説明したいと思います。

１　本研究に入るまで

（１）探究の楽しさをちょっと感じてみる「ミニ自主研究」

１年生たちは、中学校最初の夏休みに「ミニ自主研究」に取り組みます。この「ミニ自主研究」は、自分が選んだテーマに関係のある施設や場所、例えば博物館や資料館、工房やお店などを訪れて、見学や体験などを通して学んだことをミニレポートにまとめる活動です。自分で興味・関心のあることについて、実物を見たり、専門家の人に取材したり、あるいは実験したり実際につくってみたりしながら、気付いたこと、感じたこと、わかったこと、考えたことを1枚の画用紙にまとめます。

僕は、鉄道が大好きで、休みの日にはよく電車の写真を撮りに行ったりします。そこで、「ミニ自主研究」では「車両のデザインの変化」をテーマに選びました。埼玉県さいたま市にある鉄道博物館に行き、展示されている実際の車両を間近に見てわかったことや、さまざまな解説資料から読み取ったことのほか、博物館のガイドの人から聞いたことなどをもとにしてミニレポートをまとめました。この「ミニ自主研究」を通して、自分の好きなテーマで探究することが楽しいと感じるよいきっかけとなりました。

この「ミニ自主研究」に先立ち、夏休み前の6月から7月にかけて実施されるのが、テーマ決めに活用できる思考ツールの学習と、情報活用の基礎的スキル学習です。

「ミニ自主研究」とはいえ、テーマは自分で選ばなくてはいけません。自分はどんなことに興味・関心があるのか、普段から意識して考えているわけではないので、改めて問いかけられると戸惑う場合もあるでしょう。そこで、思考ツールとして、マッピングやマンダラートなどの使い方を学ぶ機会が設定されています。例えば、自分の好きなことがらをマッピングでどんどんつなげていく「偏愛マップ」では、僕自身も驚くくらい好きなことが溢れ出てきてどんどんのめり込んでしまいました。このような思考ツールを活用しながら、自分の興味・関心のあることがらを研究テーマとして立てていく手法を学んでいきます。

また探究活動を進めていくうえで、情報をどのように集め、活用していくかはとても大切です。そこで、情報活用の基礎的スキルを学ぶ時間が設定されています。図書室や図書館の活用のしかた、コンピュータを活用した情報の検索のしかたと情報モラル、表計算ソフトの活用のしかた、博物館や資料館などの活用のしかた、インタビューの方法とマナー、集めた情報を整理するポートフォリオなどについて、計画的に学んでいけるようになっています。特に、図書室や図書館の活用の学習では、実際に出版社の方に来校してもらいガイダンスを受けます。

そうそう、夏休みに作成した「ミニ自主研究」は、9月に学年で発表会を行いました。僕自身、自分の好きなテーマで一生懸命まとめたものなので、発表もついつい熱がこもってしまいました。また、同じ学年の友達の発表を聴き合うことも良い刺激となりました。

同じ9月には、3年生の代表者による自主研究の講堂発表を聴く機会もあります。自主研究の先輩でもある3年生たちがそれぞれに話す「自分の好きなことや興味のあることをとことん追究してほしい」という言葉は、実際に「ミニ自主研究」を経験した僕たち1年生の心にストレートに響きました。

(2) 自主研究のイメージを持つ

自主研究では、研究方法を「課題生成」、「仮説検証」、「創作・開発」の三つのタイプ(型)に分けています。これら三つの研究のタイプ(型)ごとに、課題設定や研究方法について先生たちからゼミ形式で学ぶのが、1年生の後期に行う「自主研究ゼミ」です。小学校の総合的な学習の時間に探究活動を経験して

表 4-1　平成 29 年度開講の「自主研究ゼミ」の授業概要

研究タイプ	担当教員	授業の概要	
課題生成	A	①	ミニ巡検「大塚・小日向地区課題発見ツアー」 ・巡検を通して、社会的事象や自然事象から疑問をたくさん発見する。
		②	見つけた疑問から課題をつくる ・ミニ巡検で発見した疑問をシェアする。→課題（問い）の形にしてみる。 →できた課題を発表する。
課題生成	B	①	課題（問い）の作り方を知る ・単なる調べ学習にならないためにはどのような問いの立て方が有効なのか、その「技」を学ぶ。
		②	課題（問い）を作ってみる ・具体的に、自分が関心のあるキーワードから、「技」を使って問いの形を作ってみる。
仮説検証	C	①	自然科学における仮説検証を含めた課題解決の流れについて，さまざまな具体例から学ぶ。
		②	具体的な事象から、課題を生成し、仮説を立て検証方法を考え、検証 (観察・実験) を行い、その結果をもとに考察して課題を解決する一連の体験を行う。
仮説検証	D	①	「仮説検証」とは何か、歴史的に有名な例などを紹介。「仮説検証」タイプは自然科学系の研究に多いが、社会科学や人文科学の分野での事例も紹介。
		②	卒業生の書いた「自主研究集録」から、「仮説検証」パターンの研究をさがし、いろいろな分野における「仮説検証」を理解する。
創作・開発	E	①	オリンピックを知る。 ①オリンピックの意義・目的・歴史について知る。 ②オリンピックシンボルマーク・マスコットキャラクターについて考える。
		②	2020 年オリンピックに向けて、自分達が関われることを考える。 ③マスコットキャラクターを考え、デザインしてみよう。
創作・開発	F	①	オリジナルジュースを作ろう ・グループごとに３種類のオリジナルジュースを作る。
		②	オリジナルジュースの官能評価とその分析 ・それぞれが作ったオリジナルジュースの官能評価をする。 ・官能評価の結果から多くの人に好まれるジュースを１種類決め、最高のオリジナルジュースを発表する。

いる人は多いかもしれませんが、研究という形で進めることにイメージを持てない人もいます。そこで、各研究タイプ（型）につき2種類ずつ、合計六つのゼミが開講され、6人の先生がそれぞれ2時間連続の授業を行います。1年生全体が六つのグループに分けられ、生徒たちは20人前後の少人数で、六つのゼミを順番に受講するのです。例えば平成29年度に開講された「自主研究ゼミ」の授業の概要は、前のページ（表4-1）にある通りです。

また、1年生の1月には、「課題発掘セミナー」も開講されます。これは、自分の興味・関心を突き進めて、やりがいを持って研究や仕事に取り組んでいる卒業生や社会人（お茶の水女子大学の先生など、本校の生徒にとって身近な大人）をゲスト講師として招いてレクチャーしてもらう授業です。さまざまな分野で活躍する講師たちから直接話を聴くことを通して、僕たちは、夢中になって研究や仕事に打ち込むことの楽しさを知ります。でも、それだけがこの「課題発掘セミナー」の目的ではありません。2年生から本格的に自主研究を始めるにあたり、自分の興味・関心がどんな方向に向いているのかを改めて考え、さらに興味・関心の幅を広げ、自分自身にとって適切な研究テーマを設定することの大切さを知る機会にもなっているのです。

ゲスト講師の多くが自分たちと同じこの中学校の卒業生だと思うと、とても親近感がわきます。また、自分の好きなことを仕事にするためにどのようなことをしたのか、さらに中学校時代はどんな生徒だったのか、どんなことに興味を持っていたのかなど、直接いろいろな話が聴けるのでわくわくした気持ちになります。

次のページ（表4-2）にあげたのが、平成29年度に開講された「課題発掘セミナー」のゲスト講師と講義内容の紹介です。生徒たちは、これら七つのセミナーから二つを選んで受講できます。ちなみに僕だったら、「昆虫～趣味を極める～」と「『好き』を学ぼう！　自分に合ったテーマの選び方」の二つを選ぶかな。

2　スパイラルな学び

いろいろな中学校や高校などでも取り組まれている「卒業研究」や「卒業論文」と呼ばれるものは、その多くが、数年かけて一つのテーマを追究し最後にその成果をまとめるというスタイルのものでしょう。私自身、入学するまでは自主研究もそのようなものだと思っていました。しかし、自主研究はそれとはちょっと違うのです。自主研究は、3年間の中で「課題設定→追究→まとめ→発表」をくりかえすスパイラルな学びであるところに特徴があります。

例えば、自主研究で取り組むテーマは、2年生の前期と後期それぞれで変更することが可能です。もちろん1年生のミニ自主研究から3年生の最後まで同じ課題に取り組む人もいますし、同じ課題の中でより内容を発展させたり、より詳細なテーマに深めたりする人もいます。その一方で、課題変更を繰り返し、1年生のミニ自主研究も含め、3年間で最大四つのテーマに取り組む人もいるのです。自主研究をやりながら、これが自分の好きなことなのか、自分が本当に興味・関心があることは何なのか、自分の中で模索している結果が課題変更だともいえます。私自身は、1年生のミニ自主研究で選んだ「ゆるキャラの魅力

表 4-2　平成 29 年度の課題発掘セミナーのゲスト講師と講義内容の紹介

	講師	講義内容
A	戸部和久さん （歌舞伎脚本家） 場所：図書室	破沙羅〜誰も見たことがない物を作る〜 内容：2017 年 5 月、歌舞伎×フィギュアスケート＝世界初の誰も見たことがないエンターテイメント「氷艶 2017 破沙羅」が実現しました。始まりは歌舞伎の脚本家の私と、お茶中同級生のプロデューサーが同窓会で交わした「出来たら面白いね」という会話。小さな火花はやがて多くの人を巻き込み、松本幸四郎（当時市川染五郎）、高橋大輔、荒川静が出演する巨大プロジェクトに。誰かと誰か、何かと何かが繋がれば歌舞伎にもスケートにも新たな歴史の幕が開かれる！これは、「誰も見たことがない、自分が見たい見せたい物」を探究し、生み出すまでのお話です。
B	久力志保 さん （アニメの色彩設計） 場所：１年梅組	アニメを彩る縁の下の力持ち〜意外と知られていない色彩設計のお話〜 内容：アニメが好きな人なら「あの監督がいい」「あのアニメーターさんの動きが最高」という話はよくします。でも作品の雰囲気やクオリティに大きく影響がある色彩の仕事については、あまり知られていないのでは？　時にはエンドロールにさえ載らない日陰の仕事。でも色のよしあしで作品の見栄えは大きく左右されます。色彩設計が選ぶ色にはそれぞれ理由や意味があります。キャラクターの色を決め、作品の世界に溶け込ませる色彩設計の仕事の魅力を少しでもお伝えできればと思います。
C	SHIORI さん （フードコーディネーター） 場所：１年蘭組	わたしと料理 内容：高校時代、大好きな彼にお弁当を作り、喜んでもらえたことがとても嬉しくて、料理の仕事につきました。やりたいことが見つからず苦しかった学生時代、大きな挫折をあじわったからこそ見つけた夢《若い女の子が好きな人のために作る料理本を世の中に出す》を叶えるまでのお話をします。いま、やりたいことが見つけられなくても大丈夫。わたしもそうでした。ゆっくり、時間をかけて見つけていきましょう！
D	加々美勝久さん （数学研究者） 場所：１年竹組	数学の課題って？ 内容：数学って授業で習うものだけと思っている人いませんか？　いえいえ、それはもちろん大事ですが、もっともっと不思議で楽しいことがたくさんあります。今回のセミナーではテーマをきめる時にヒントになりそうな入り口をほんのちょっとだけのぞいてみます。数学が好きな人も嫌いな人も、ちょっとでも興味があればぜひ参加してみてください。

表 4-2　平成 29 年度の課題発掘セミナーのゲスト講師と講義内容の紹介（つづき）

	講師	講義内容
E	溝井明人 さん （本校事務） 場所：理科室	**昆虫～趣味を極める** 内容：もの心ついた時から昆虫採集をしていました。春先にアゲハを追いかけ、初夏に学校から帰る時にセミの初鳴きを聞くとワクワクし、夏休みは毎日のようにセミ採り。８月お盆過ぎには飼っていたカブトやクワガタが死にセミの声も聞けなくなり、何とも寂しい気持ちになりました。昆虫採集をすることによって「集める」「調べる」「学ぶ」ということを無意識のうちに繰り返し、生き物や自然の仕組みを解き明かす面白さを覚えたおかげで、その後の文学や音楽、映画や歌舞伎などいろいろと興味を持ち趣味の幅を広げていけたと思っています。
F	山田雄介 さん 場所：１年菊組	**「好き」を学ぼう！自分に合ったテーマの選び方** 内容：僕は今、佐々木希さんの CM でおなじみのユーキャンという会社で広告の仕事をしています。実は、今の仕事とお茶中時代の自主研究には深いつながりが。それは当時も今も自分の中にある「好き」をテーマにできたから。みなさんにも、せっかくなら研究して楽しい、そして将来につながるテーマを選んでもらえたら……というわけで、僕の自主研究と今の仕事のつながりや、自分に合ったテーマ選びのヒントを、お茶中の思い出と西平先生の当時のお写真（！）とともに楽しくお伝えします！
G	三宅智之 さん 高校２年生特撮映像制作 場所：合併室	**「魔法を具現化する。――VFX 映像で空想を描く」** 内容：皆さんは空想、好きですか？空想を描く方法は、小説、イラスト、立体造形、演劇、映像……沢山あります。私は VFX 映像が得意で「学校爆破したいなー」と思ったもんですから、自主研究でお茶中を爆破する映像を作りました。そんな現実には不可能（やっちゃだめですよ）なことができる魔法の映像技術「VFX」の面白さ。自分にとって大きな転機となった自主研究から繋がった夢。芸術から料理、スポーツにまで通じるあらゆるテーマの研究を進めるコツなどを話していきたいと思います。

とは何か」という研究テーマで2年生の前期まで取り組んでいましたが、2年生の後期からは「消しゴムのヒット商品開発」というテーマに変更しました。日本の文房具はさまざまなアイディアを取り入れた優れものが多く、以前から興味があって消しゴムを集めていたこと、また、私自身ものを作るのが好きだったことがテーマ変更のおもな理由でした。3年生で実際に自分が考えた消しゴムのアイディアやカバーのデザインを提案するところまで研究を進め、大きな充実感を得ることができました。

また、2年生からの本研究では、2年生の前期、後期、そして3年生の前期それぞれで、まとめとしてのレポート作成と発表があります。半期ごとに自分の研究内容を一旦まとめることで、研究の進捗状況を確認するだけでなく、研究方法の妥当性や研究の視点の再確認など、研究そのものを自分で見直すよい機会になっています。このレポートをまとめることは、そのあとに続く発表にも大いに役立ちました。

次に示すのが、半期ごとにまとめるレポートの説明プリントです。

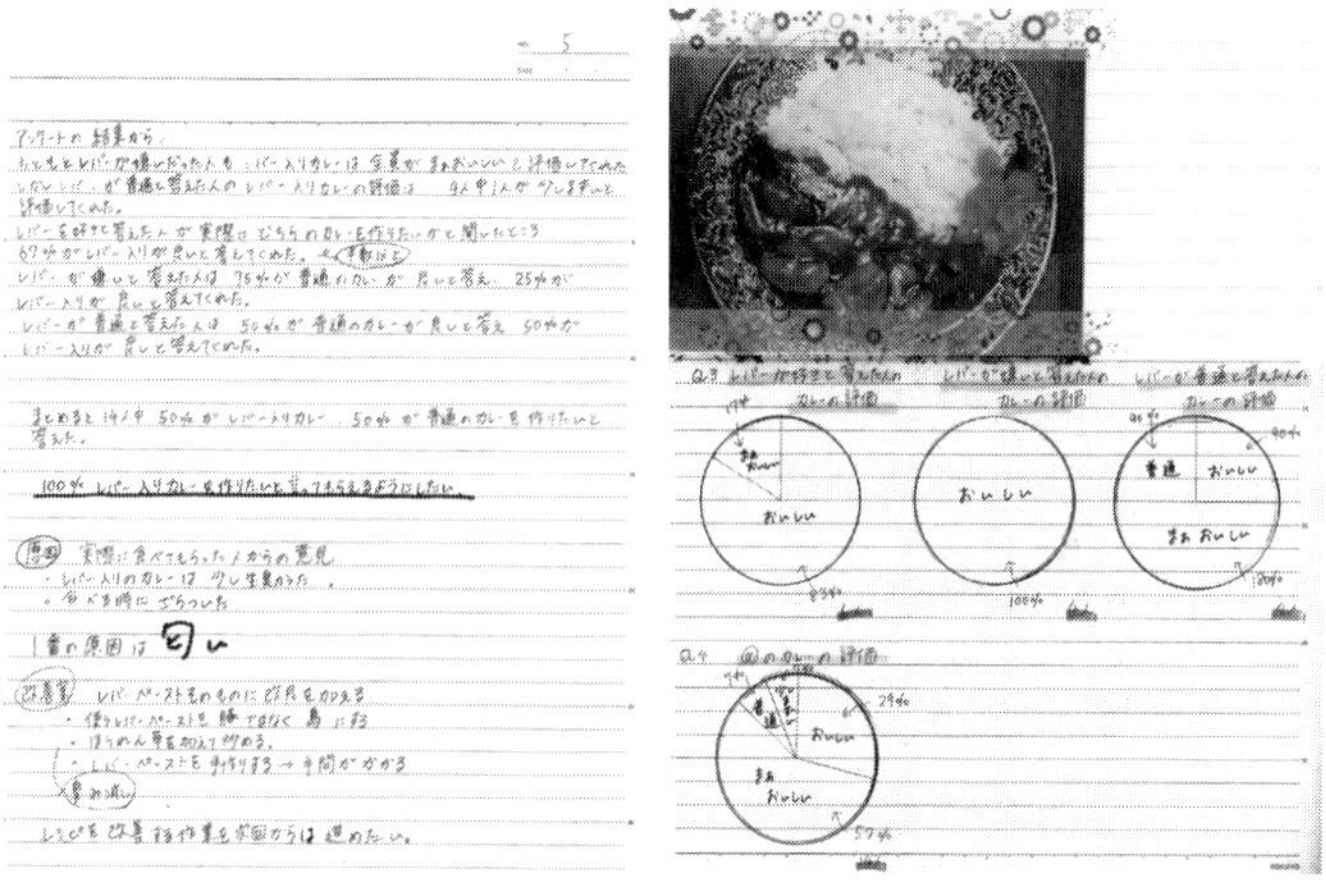

レポートの例「グッドヘルスクッキング〜私達に必要な栄養素を使ってレシピを考えよう〜」より

H29 年度自主研究　　　　　　　2年　　組　　番

2年生　夏期レポートについて

課題内容

1．内容：「自主研究夏期レポート」
2．形式：
①**A4版レポート用紙は自分で用意**すること。
②**指定の表紙をつける。**
③**表紙を除き2ページ以上書く**こと。レポートは生徒祭で展示するので、研究の成果をしっかりまとめること。
④下に続く「作成の流れ」を参考にすること。
⑤パソコンを使って作成してもかまわない。ただし、コピー＆ペーストは厳禁。
⑥**一部コピーをとって保管し**、より充実した発表に向けて準備をすすめること。
3．提出期限：**８月２５日（金）　担任の先生に提出**

☆作成の流れ（レポート作成についてはグループの先生の指示をよく聞いてください）

1．**研究の動機**　なぜ自分はそのテーマを選び、研究をしようと思ったのか、その動機をまとめてみよう。
→研究の出発点です。ぜひしっかりと述べておこう。

⇩

2．**予想・仮説**　課題に対して自分なりの予想・仮説を立ててみよう。あるいは、どのような疑問を明らかにしたいと思っているのか研究構想を書いてみよう。

⇩

3．**研究の方法**
例）実験して検証する、本やインターネットで調べる、聞き取り調査をする、実際に自分で訪れてみる、アンケートを行う、調理実習を行う、作品をつくる等。
→体験を通した調査方法をまだ試していない場合は、ぜひ夏休み中に実行し、自分ならではのデータを集めよう。

⇩

4．**研究した内容、結果と考察**
自分の最初の予想や仮説と結果を比較しながらまとめてみよう。
→研究を進めるうちに新たな課題が見つかった場合は、それもまとめておこう。
研究をした結果、課題に照らして、どのようなことが分かったかまとめてみよう。
→「根拠」に基づいて「理由付け」し、自分ならではの「主張・結論」を述べよう。

⇩

5．**今後の課題**　何が分かって、何が課題として残っているのか。

【参考文献】
参考・引用文献（図書、WEB サイト等）を最後に必ず書いておくこと。
＜参考文献・資料の記述の仕方の例＞
・本を利用した場合→　近藤和雄『からだに効く赤ワインの条件』講談社、1998 年
・新聞を利用した場合→　日本経済新聞、2000 年 6 月 20 日、夕刊
・ウェブページを利用した場合
→　2011 年度通商白書 http://www.meti.go.jp/report/tsuhaku2011/2011honbun_p/2011_00c.pdf
経済産業省、2011 年 7 月 8 日
↑サイト作成者　↑情報を入手した（確認した）年月日

☆レポートを分かりやすく伝えるための資料（写真・絵・グラフ等）を必ず一つは入れること。
8/30 にグループ内発表があります。必ず自分でコピーをとっておくこと。

3 さまざまな発表の機会

多様な発表の種類があることも、自主研究の大きな特徴です。

(1) 自分の研究内容を紹介し合う課題決めディスカッション

2年生からの自主研究では、一人ひとりの生徒が自分の興味・関心にもとづいて設定した研究テーマ(課題)の内容によって分けられた「課題ジャンル別グループ」の中で研究を進めます。第1回目の自主研究の時間には、同じグループに配属された生徒同士で、自分の研究内容を紹介し合う課題決めディスカッションを行うことになっています。自分の研究テーマとそのテーマを選んだ動機、研究したい内容と研究方法などについて説明したあとは、質疑応答やアドバイスの時間があります。

特に、3年生が2年生に対して提示するアドバイスは、先生方も驚くくらい的確で有意義です。1年間試行錯誤を重ねながら研究を進めてきた3年生だからこそ伝えられるさまざまなエピソードや助言に、これから本格的に自主研究を始める2年生も自然と真剣に耳を傾けています。私自身も2年生の前期に、3年生の先輩たちから、「ゆるキャラは数も多いから、いくつか選んで研究した方がいいよ」「ゆるキャラの魅力の『魅力』は漠然としているから、自分なりに最初に定義したり、どんな観点にするか決めたりする必要があるね」など、研究する上でとても大切な点をアドバイスしてもらえました。

また、3年生自身も、自分の自主研究の良かったところ、さらに改善が必要なところなど、お互いに改

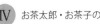

めて向き合う機会にもなります。自主研究は個別の探究活動ですが、生徒同士で学び合うことも多いのです。

(2) グループ内発表会

「課題ジャンル別グループ」の中では、半年に一度、つまり2年生の前期、後期、3年生の前期のそれぞれの終わりに、研究成果を発表し合います。これが「グループ内発表会」と呼ばれているものです。

グループごとに行う発表会なので、数名から多くても40名程度、一つの教室に収まる人数で行われます。聴き手の人数が限られているうえに、教室内で間近で聴いているという利点を生かして、発表者たちは、プレゼンテーションソフトを使う以外に、実物を提示したり、直接目の前で実験したり、レジュメを配布したり、画用紙を巧みに用いて紙芝居のようにしたりなど、さまざまな表現方法を工夫することができます。これらは研究成果を効果的に伝えるための作戦といってもいいでしょう。

また、生徒たちはあらかじめ発表原稿を作成したうえで発表会に臨みます。グループごとに設定された発表時間の中に自分が伝えたい内容をいかに整理して盛り込むか、悩みどころでもあります。何度も発表原稿をつくり直し、家で時間を計りながら練習を重ね、本番では制限時間ピッタリに発表を終える人も少なからずいます。

グループ内発表会では、すべての生徒が発表者であり、かつ聴き手にもなります。聴き手側は、「相互評価用紙」(60頁参照)に研究の内容や発表のしかたについて良い点・改善すべき点を見極めたうえで観点別評価を行い、発表者に役立つコメントを書き込みます。発表者が入れ替わる数分の短い時間ですが、どの生徒も集中して評価を行っています。私自身も、同じグループの人たちが一生懸命書いてくれたコメントを読むのがとても楽しみでした。

生徒たちが特に厳しく評価するのが、「自分の視点がある」という点に関してです。単に調べたり検証したりした内容の説明や成果物の披露だけにとどまる発表を良しとはしません。発表者自身がその研究を通してどのように考えたのかということが、単なる調べ学習とは異なる自主研究の要であることを、生徒たち自身がよくわかっている証拠といえます。

（3）ポスターセッション（2年生での学年発表会）

自主研究では、3年間を通じていろいろな発表方法を経験できるようになっています。2年生の後期のグループ内発表会を経て行われる「2年学年発表会〜ポスターセッション〜」もその一つです。発表者は、自分の発表を聴きたくて集まってきた人たちに、研究成果をまとめたポスター（模造紙）を見せながら口頭で説明します。この発表会には、同じ2年生だけでなく、例年聴き手として、1年生たちも参加します。

ポスターは、どの生徒も模造紙一枚にまとめます。「枚数が一枚だけでは少ないのではないか?」と思うかもしれません。しかし、詳しいことは口頭で説明すればいいのです。模造紙には、研究内容の「ここ

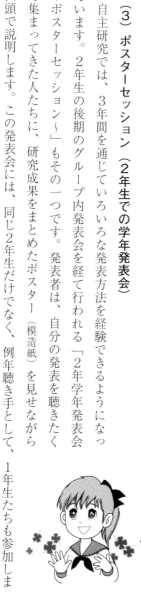

ポスターセッションの様子

は」と思うところをアピールするような要点や図表、写真等を簡潔にまとめることが求められます。小さな文字をぎっしり書き込んでも見にくいだけ。その他大勢の発表者の中から自分の発表を聴きたいと思ってもらえるような、魅力的なタイトル、見やすいレイアウトや色使い、内容の精選など、聴き手にとってわかりやすい表現方法を工夫する学習の機会にもなっているのです。

学年全体をクラスごとに分けて交替で回しながら、一人につき2回発表を行います。2回のそれぞれの発表では、聴き手が変わるだけでなく、その人数も変化することになります。特に聴き手の人数は、発表者ごとに一目瞭然ですから、ある意味シビアといえばシビアです。発表者は自分の前にどれだけ聴き手を集められるか、他の発表会とは異なる緊張感も味わうことになります。私自身も、誰が、どのくらい自分の発表を聴きに来てくれるのか、自分のポスターの前でどきどきしたのを覚えています。

また、1回の発表時間は7分間で、その中に質疑応答の時間も含まれます。ポスターセッションは、発表者と聴き手の距離がとても近いことが特徴の一つです。聴き手にとって質問しやすいだけでなく、発表者にとっても聴き手をより意識してわかりやすい説明を心がける学びの場でもあるのです。

2年生の最後に行われるこのポスターセッションでは、2年生全員が発表者にも聴き手にもなります。自分自身で研究成果を整理し見直すだけでなく、多くの聴き手からのコメントやアドバイスを参考にしたり、仲間の発表を聴いたりすることを通じて、自分の研究を改善、向上させるための大切なきっかけにもなる発表会といえるでしょう。2年生の後期のグループ別発表会、そしてこの学年発表会（ポスターセッション）が終われば、いよいよ3年生！　自主研究という探究活動の集大成に向けての歩みが既に始まっているのです。

（4）グループ代表者による講堂発表

毎年9月、全校生徒が大学講堂に集まり「自主研究講堂発表」が開催されます。このとき大学講堂のステージに立てるのは、各グループから1名ずつ選出された代表13名のみ。文字通りの大舞台なので、何としてでも発表者になりたいと意気込む人も少なくありません。そういう僕も講堂発表を狙っていた一人です。前期のグループ内発表会のあとに代表者が選出されるため、僕は3年生のグループ内発表会に向けて、特に入念に準備をしました。その甲斐あって、グループの代表者に選ばれたときは、天にも昇るくらいの喜びでした。

この講堂発表の発表者は、各グループの代表者に選ばれるだけあって、研究内容の秀逸さはもちろんですが、趣向を凝らした発表方法も魅力的なものばかりです。語りかけるような、そして時にはユーモアを交えた話し方、プレゼンテーションソフトのスライドに施されたこだわりを感じさせる工夫、効果をね

表 4-3　平成 29 年度講堂発表のテーマ一覧

ジャンル別グループ	テーマ
文学研究創作	螺旋的な小説を書く
映画・演劇	ジブリ映画と歌～音楽が映画に与える影響
美術	パラパラマンガ制作「ちゃぶ台とお父さん」
音楽	ボーカロイドの魅力に迫る！　～ヒットの法則～
言語	「俗語」という存在について考える　～形容詞・オノマトペから紐解く！～
記号	行動を起こす情報の伝え方　～魅力を探し、起こし、発信せよ！～
社会と文化	壁　～人と人との違い～
歴史	流行について　～時代ごとに流行るものの傾向を探る！～
健康	食のグローバル化に対応するために
生活	緑の嫌われモノを愛されキャラにイメチェン
理科一般	言霊　～言葉の力が植物に影響を与える ?? ～
工作・栽培	理想のシャープペンとは？　～自分で作って追求する～
運動	誰もが最高だったという作品を作りたい！　～世界のプロに通用するオリジナル Hip Hop 製作～

らった視覚資料の選出、自作の映像や音楽の紹介など、まだ本格的な自主研究を始めていない1年生たちも、4分間の発表に釘付けになります。

僕は、前にも述べたとおり、鉄道が大好きで、2年生からは、これまでじっくり探究したことがなかった「新幹線」に研究テーマをしぼって取り組みました。特に、2年生の後期からは、新幹線の鼻がトンネルドン（トンネルで耳が痛くなる耳ツン現象）を解消するためにどのような役割を持っているかについて、「理論（空気力学）から実験で証明する」という方法をとり、研究しました。そして、実際に木型模型をつくり、身近にある材料と道具を使って実験を行い、「トンネルドンを解消するためには空気を前にためずに、後ろへ流せばよく、

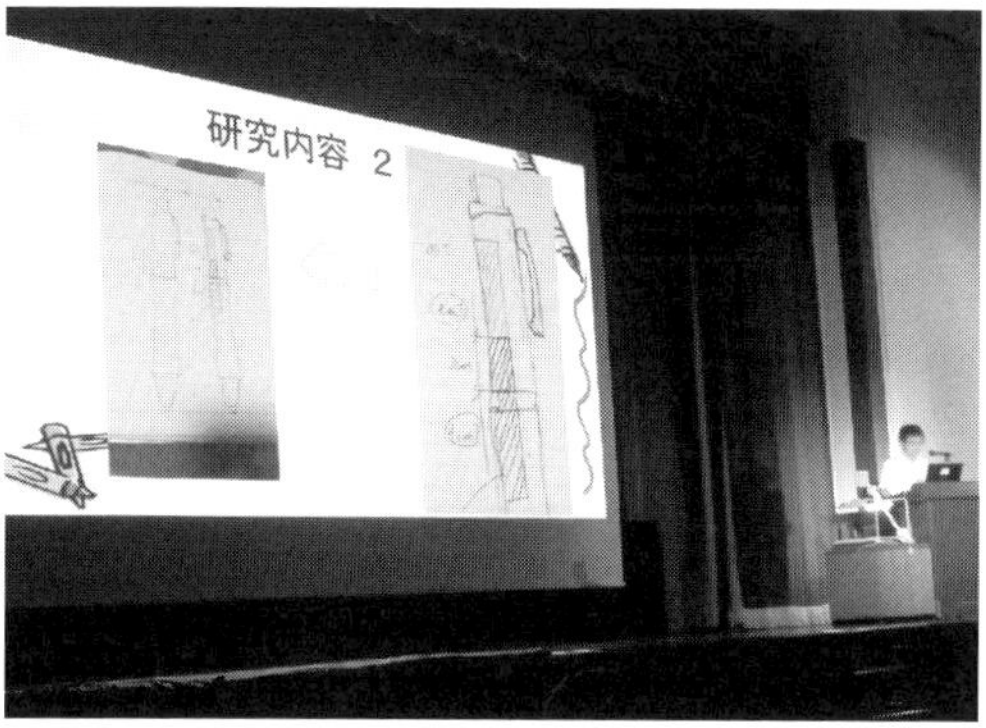

講堂発表

新幹線の鼻は空気を後ろに流せるように変化してきている」という結論を導き出すことができました。講堂発表では、この実験のようすをできるだけわかりやすく全校生徒に見てもらえるよう、実験風景を撮影した画像を1枚1枚大きなスクリーンに映し出し、僕自身がそのスクリーンの前を動きながら画像を指し示して説明しました。この方法は大変好評で、発表中も会場から「おおー」という歓声があがり、僕は内心「やったぁー」と思いました。

どの発表者も自分の考えや意見を堂々と述べるだけでなく、自身で取り組んだ研究に裏打ちされているため、発表内容は非常に説得力があります。この講堂発表会には、大学の先生方や教育実習生が聴衆として来てくださいますが、例年「大学の卒論発表会にも匹敵する」という評価をいただいています。

聴き手は、発表者一人ひとりに対して、評価プリントに感想やコメントを書くことになっています。発表の充実さに触発されて、どの生徒も枠内にびっしり記入しています。発表者にとっては、この聴き手からの感想やコメントを読むのも大きな楽しみです。

(5) ラウンドテーブル

自主研究の「ラウンドテーブル」は、1テーブルあたり、発表者の3年生が3名、聴き手として、1、2年生各3名ずつに加え、保護者や卒業生などの社会人や教育実習生といった大人たちが参加して、毎年10月頃に行われます。

これまで紹介した「グループ内発表会」、「ポスターセッション」、そして「講堂発表」は、どれも研究内容に関する発表です。それに対して「ラウンドテーブル」では、「研究の歩みのふり返り」が発表の内容になります。3年生たちが、各自の自主研究の歩みを総括してふり返り、それを下級生（1、2年生）たち、保護者や卒業生、教育実習生などの大人も含む他者と共有するというのが、「ラウンドテーブル」のねらいなのです。

生徒向けの資料では、「ラウンドテーブル」の目的が次のように書かれています。

> 3年生……これまでの研究の過程をふり返り、どのような困難と向き合い、どのように苦労したか、失敗したか、それらを乗り越えたか、また、自分が何にこだわり何を大切にしてきたのかを、肯定的にふり返る機会です。このように省察することで、自分の努力した姿に気付き自信につなげるとともに、失敗も含めて次に活かし、その後のよりよい自己実現のための視点を見出します。

2年生……自主研究をやり終えた経験者（3年生のこと）の振り返りの話から、現在進めている自分の自主研究の取り組みの参考にします。
1年生……自主研究の進め方のイメージを持ち、2年生から始まる自分の自主研究について、具体的に考えるための参考にします。

ラウンドテーブルの様子

このように、「ラウンドテーブル」では、研究の内容よりも研究の過程そのものの共有が大切なのです。「ラウンドテーブル」を始める前に担当教員が説明する、「たとえ不十分な内容でも、相手を否定することはしません。発表者が取り組んできた過程から自分の研究に活かせることを学びとるようにしましょう」「質問や感想は、発表した3年生にとって、気づかなかった自分の姿に気づく機会になります。同時に、そこに参加した人たちの学びも深めます。ラウンドテーブルは参加者みんなのための学びの場なのです」といった言葉にも、そのねらいがはっきり表れています。

また、「ラウンドテーブル」では、発表者である3年生は、自分で作成した「ビジュアル凝縮ポートフォリオ」を使って研究の歩み（過程）を可視化して説明します。一枚の画用紙の中で図や絵、グラフ等を用いて、どんな過程を経て研究を進めてきたかが一目でわかるように表現された「ビジュアル凝縮ポートフォリオ」は、発表側にとっても聴き手側にとっても非常に有効なツールであるといえます。

（6）自主研究集録

自主研究の最後のまとめとして、3年生全員がレポートを執筆します。レポートでは、研究の動機、研究方法、そしてメインとなる研究内容の要約のほか、研究を終えた感想や参考文献などをB5の2ページにまとめます。まさに、自分自身で取り組んだ自主研究の集大成といえるでしょう。実際にまとめる段になると、B5、2ページ

左手で書く書道　　GN3

研究動機
書道が好きで、左利きのため左手で書いたらどうなるのか知りたくてこのテーマにした。書道にとってタブーなのは知っているがそのタブーに挑戦してみたかった。
仮説(二年前期時)
右手で書いても左手で書いても同じように書く方法がある。
研究方法　二年前期で永字八法を書き二年後期で前期をもとに四字熟語を書く。三年前期でまとめとして半切にだるま筆を使って書く。
研究内容　最初に普通に縦線、横線を書いた。すると、普通にやると変な形になってしった。だから3つ方法を考えた。①右にかたむける。②鏡文字で書く。③逆さまにして書く。この3つで試すことにした。
　次に永字八法を書くことにした。①ではバランスよく書けたが失敗点がたくさんあった。1、細かい動きができない。2、角が変な形になってしまう。3、筆先が残らず全体ではねてしまった。4、左はらいがはらえていない。以上の点から①の方法は細かい動きができないとわかった。
　②はバランスが悪くなってしまった。字のイメージがわかないからだと思われる。細かいところに失敗はあったがそれは慣れていないせいだと考えられる。③も②の書き方と同じでバランスが悪くなってしまった。以上のことから普通の書き方以外だとバランスが悪くなるとわかった。
(二年後期内容)

　最初に二年前期でやったことをもとに四字熟語を調べた。そして「画竜点睛」と「温故知新」が書きやすいと考えたのでこの四字熟語を書いた。

　二年前期でやった書き方を一通りやった。前期にはやらなかったが書道の先生に隷書体なら左手でも書きやすいと思うと言われたので隷書体でも書いたこれを④の書き方とする。まず①で書いた。けれど、手で半紙が隠れてしまった。四文字になることで大きさがわからずバランスが悪くなるのでこの書き方はやめた。次に②を右手で書いたものと比較した。裏返しのため右下がりになってしまった。最後に、④を書いた。隷書体は基本的に逆筆という書き方で書く。結果右と左を比較してもあまり変わらず書くことができた。書いた感じも関係なく普通に書くことができた。

(三年前期)

　二年後期の内容から隷書体で半切に書くことになった。最初に書く四字熟語を決めた。結果二年後期にも書いていた「温故知新」にした。次に半紙に一文字ずつ太筆で書いていった。結果、字がかなり細くなってしまった。なぜ細くなるのか調べた。結果、筆が変にねじれて起きるとわかった。ねじれることにより筆がしならなくなってしまって細くなっていた。今度はだるま筆を使って新聞紙に半切サイズの字を書くことにした。ねじれてしまうが全く書けないというわけではないので筆先が長めのだるま筆ならねじれてもなんとかなるのではないかと考えた。だが思った以上に細くなってしまった。
　分かりにくいがこのようにねじれてしまった。大きめの筆を使えばなねじれてもなんとかなると思ったがどうにもならなかった。だからねじれてしまう原因を探すことにした。字の構造上ねじれてしまうのではないかと考えた。だから右手と左手で書いていきなにか違いがないかを書いて確かめた。結果傾きにあるとわかった。書道というのは筆をたてて書くものだが字を書いている際はどうしても右手で持っているときは右に少し傾く。そして左手の場合は左に傾く。

右手の場合先に手があり、あとから筆先が付いてくる形になり、「引く」という動きだ。しかし左手で書く場合先に筆の腹が来て、後から手と筆先が来ている形になり「押す」という動きになっている。
　隷書体の横画の書き方なのだが、最初の部分で傾きが関係しており回転の最後で右手に場合は、右に傾いているため筆先が左側に向くが、左手の場合左に傾いているため筆先が、右に隠れてしまういそのまま横に押すため前に書いたのと同じで筆先が左にあるのに動くため写真のような形になるため筆先が右に向こうとするため、ねじれる。なので、最初の回転のところで、右に傾けたが、結局はねじれてしまった。

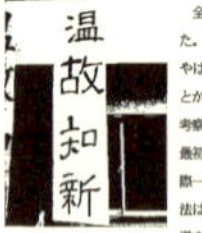

　全く書けないというわけではないので細くてもいいから半切に書いてみることにした。
やはり細いが作品にはなった。これが最終目標である半切にだるま筆を書くということができた。けれど、左手で書くという証明にはならなかったと考えた。
考察
最初は左手でも右手とほぼ変わらず字を書く方法が何かしらあると考えていたが、実際一年半研究した中では、その方法を見つけることができなかった。隷書体という方法はあるがそれは小さく書く時のみだけということだった。だから、左手を使って書道をし、一つの大きな作品を作るのは大変だと考えた。
今後の課題
今回は隷書体に絞って書いていたが、何か他の方法が何かないかを調べて行き、大きな一つの作品をつくることができる方法を探していきたい。
参考文献
書道の教科書　横山　豊蘭　2008年11月28日　実業之日本社
書道のテキスト　田中　東竹　二玄社　2006年10月20日
石川九楊の臨書入門　石川九楊　芸術新聞社　2011年9月30日
隷書の手本　http://www.reisho.net/model.html

自主研究集録より

教室に保管されている自主研究集録

というのはかなり短いと感じますが、どんな風にまとめようか悩みながらも、ポイントをしぼって書くことになります。

　まず初めに、所定の用紙に下書きを書きます。次に、その下書きを、自分の「課題ジャンル別グループ」の顧問の先生に添削してもらいます。内容のまとめ方はもちろん、原稿の書き方や文章表現など、細かいところまで添削してもらえます。そして、顧問の先生の助言等を踏まえ、ようやく清書に入ります。希望すれば、コンピュータを使って清書することもできます。

　このようにしてまとめたレポートを全員分印刷、製本したものが「自主研究集録」です。自分が取り組んだ自主研究のまとめが印刷物になったのを見るのは、感慨深いものがあります。３年生には、ちょうど卒業が間近になった頃に配布されるので、この集録を手にすると、３年間の自主研究の思い出がいろいろと浮かんできます。

　毎年つくられるこの「自主研究集録」は、１年生から３年生までの全ての教室に保管され、それぞれの生徒の研究成果が次の世代へと受けつがれていくのです。

（佐々木善子）

参考文献
斎藤　孝『偏愛マップ――キライな人がいなくなる　コミュニケーション・メソッド』ＮＴＴ出版、２００４年。

コラム 2

「主体的・対話的で深い学び」としての自主学習

附属小学校では、子どもは、週に1時間の自主学習（以下、自学と省略）が待ち遠しくてたまらない。だからこそ、子どもは自分で決めたテーマについて、夢中になって探究し続けることができる。テーマは子ども自身の経験や興味から生まれたもので、中には小学校から中学校にかけて一つのテーマについて探究した子どももいる。

図 1

探究する子どもの姿もさまざまである。テーマに関する資料を探したり、探した資料を丹念に読み込んだり、読み込んだことを自分なりの方法で表現したり、テーマに関する実験をしたりする子ども姿からは、こだわりを感じ取ることができる。そのこだわりが、連続した深い学びにもつながるのではないだろうか。

自学は基本的に個の学びだが、他者と関わって学ぶこともある。たとえば、自学のまとめを発表する時間がある。発表の方法は、ポスター発表や全体発表（図1）、作品提示、冊子の作成などがある。全体発表では、コメントシート（図2）を活用することもある。お互いの自学を知ることで、探究の方法や発表の仕方などを学ぶことができる。また、附属中学校の自主研究のポスターセッションや発表を参観することもある。そこから受ける刺激は大きく、「自分たちのテーマの決め方や探究の仕方は甘かった」や「中学生みたいに中身のある探究をしたい」という声が、子どもから多く挙がった。他者と関わることで、子どもの自学に対する思いがより強くなっていくのである。そして、その思いは、自主研究へとつながっていく。

（戸張純男）

平成２７年度　前期自主学習　コメントシート

記入者氏名【　　　　　　　　　　　　】

内容面・・・そのテーマにした理由がはっきりしている。

　　　　　　テーマについてよく追求（調べたり、まとめたりすること）している。

発表面・・・追求したことを、自分の言葉で表現している。

　　　　　　聴く人の立場にたって表現している。

　　　　　　発表の仕方をくふうしている（模造紙やプロジェクターや画用紙などの使い方・見せ方）。
＊それぞれの項目で、とてもよいと思ったものには「◎」を、よいと思ったものには「○」を書き、それ以外には何も書きません。
＊コメントには、発表で印象に残ったことを、できるだけ具体的に書きましょう。
＊他の学級にも聴いてほしいと思った発表者を、男児１人・女児１人ずつ選び、番号に○をつけてください。

番号	氏名	内容面	発表面	コメント
1		◎	◎	実験もしていておもしろくて、とても良かった。
2		◎	◎	声も大きくて、そのテーマにした理由がはっきりしていて、とても良かった。
3		◎	○	声は大きくて良かったけど、あまり知らない言葉を使っていた。
4		◎	◎	身近な機械について良く分かった。声も大きかった。
5		◎	◎	声が大きくて分かりやすい言葉でとても良かった。
6		○	◎	声の大きさは良かったけど、良く分からない言葉を使っていたから気を付けてほしい。
7		◎	○	内容は良かったけど、と中で止まったりしていたから、今度は気をつけると良いと思った。
⑧		◎	◎	声も大きくて、みんなに注目される発表で、とても良かった。
9		◎	○	内容は良かったけど、聞こえづらかった。
10		◎	○	声をもう少し大きくして、スムーズに言えばもっと良い。
11		◎	○	声をもう少し大きくすれば、すごく良いと思う。
12		◎	◎	自分で作ったもけいを写していて、すごく良かった。声も大きかった。
13		◎	○	少し止まってしまっていたから、気を付けるともっと良くなると思う。
14		◎	○	あまり知らないカピバラについて、良く分かった。時速60キロはすごいと思った。
15		◎	◎	日本地図に書きこんでいて分かりやすかった。声も大きかった。
16		○	○	本を全部読んで、あわてていたから、もう少しじんびすると良かったと思う。
17		◎	○	字が小さくて、見えにくかったけど、話していたから、分かりやすかった。
31		◎	◎	声が大きくて、分かりやすかった。
32		◎	◎	声も大きくて、内容も分かりやすい説明ですごく良かった。
33		◎	○	少し早口だったから、ゆっくり話すと良いと思う。ウツボカヅラはおもしろいと思った。
34		◎	◎	声は少し小さかったけど、内容はすごくくわしくて良かった。少しゆっくり話すと良いと思う。
35		◎	○	早口で下をむいていたから、聞こえにくかった。
36		◎	◎	1つの事に対して、自分の意見が入っていて、すごく良かった。初めて知った事が多かった。
㊲		◎	◎	季節のおか子はどれもおいしそうに説明していて、すごく良かった。
38		◎	◎	声が大きくて、実物もあって、字も大きくて、すごく良かった。
39		◎	◎	声が大きくて、おもしろくて良かった。
40		◎	○	声が少し小さかったけど、楽しそうなアドベンチャーワードがある事が分かった。
41		○	○	声が小さくて、聞こえづらかったから気を付けると良いと思う。
42				
43		○		言葉が止まってしまっていたから、気を付けると良いと思った。光がきれいだった。
44		◎	○	声が小さくてつまづいていたから、スムーズに言えるともっと良いと思う。
45		◎	◎	着物についてすごく良く追求していて良かったと思う
46		◎	◎	字が大きくて分かりやすかった。犬の気持ちになっていた。
47		◎	◎	身近な魚に80cmもあるぼらがいる事にびっくりした。

図２　コメントシート

Ⅴ　進化し続ける自主研究

自主研究の歩み

お茶の水女子大学附属中学校は、２０１７年に70周年を迎えた。「生徒が主役」を合い言葉に、「自主自律、広い視野」をキーワードとした教育目標を掲げ、先進的な教育実践を重ねてきた。１９７８年、学習指導要領の改訂に伴い「ゆとりの教育」を実践することになった。そこで「究極の学びの姿」として生まれたのが自主研究である。ところが、年月が経過する中、立ち上げの時代を知らない教員の増加による内部からの自主研究不要論、自由な研究課題には価値がないという外部教育関係者からの批判、学習指導要領の変遷、等々いくつもの困難が自主研究の存続を危ういものとした。しかし、これまで40年という長い時間を歩むことができたのは、自主研究の歴史を振り返りその意義を確認しつつ、常に改革・進化し続けてきたからだと自負している。次のページにはその概要を、その後のページには解説を示した。また、自主研究を支え続けてくださっている同窓会（鏡影会）の協力が大きいことも書き添えたい。

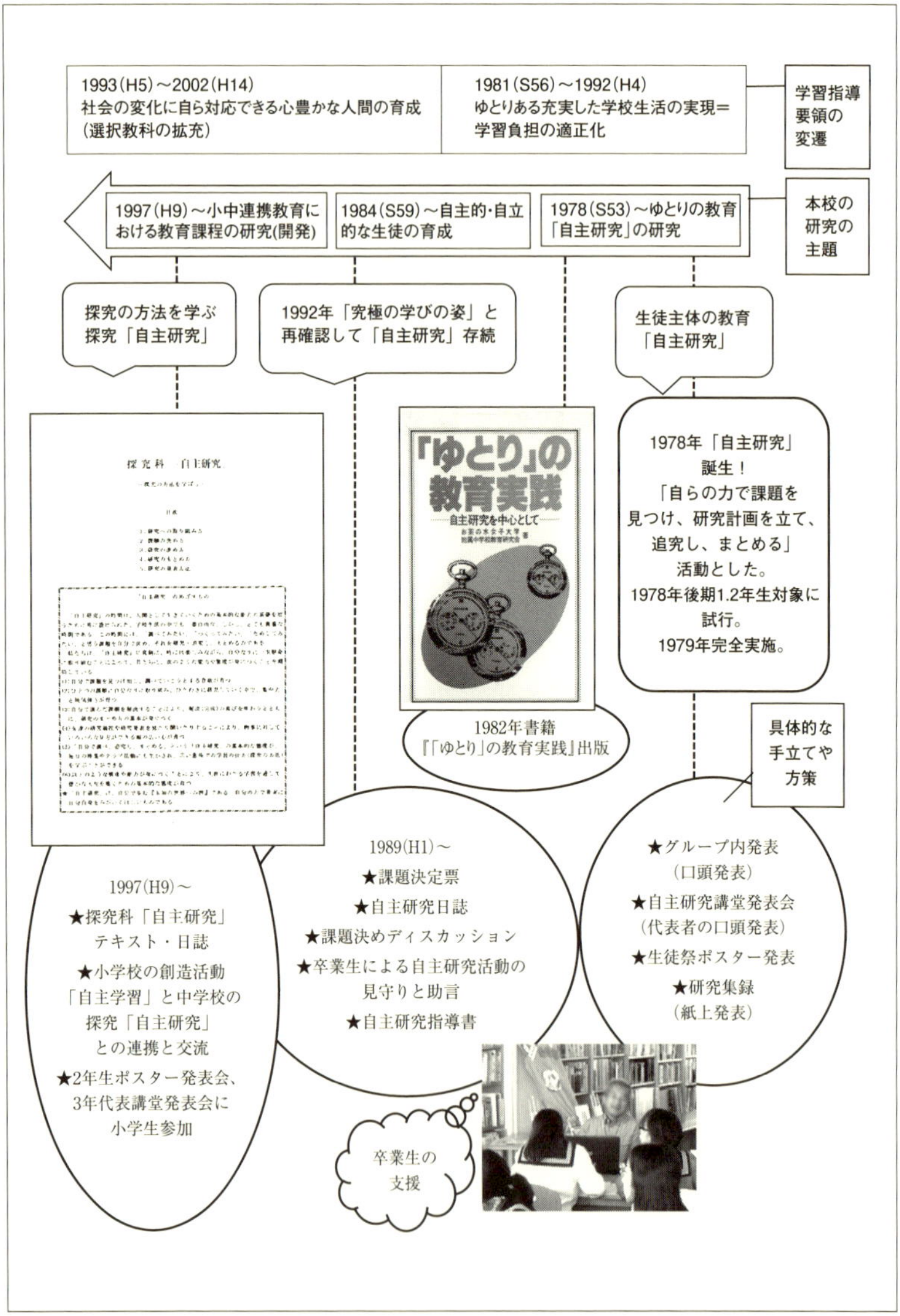
1993(H5)～2002(H14)
社会の変化に自ら対応できる心豊かな人間の育成
(選択教科の拡充)
1981(S56)～1992(H4)
ゆとりある充実した学校生活の実現＝
学習負担の適正化
学習指導要領の変遷
1997(H9)～小中連携教育における教育課程の研究(開発)
1984(S59)～自主的・自立的な生徒の育成
1978(S53)～ゆとりの教育「自主研究」の研究
本校の研究の主題
探究の方法を学ぶ探究「自主研究」
1992年「究極の学びの姿」と再確認して「自主研究」存続
生徒主体の教育「自主研究」
探究科 自主研究
「ゆとり」の教育実践
自主研究を中心として
1982年書籍
『「ゆとり」の教育実践』出版
1978年「自主研究」誕生！
「自らの力で課題を見つけ、研究計画を立て、追究し、まとめる」活動とした。
1978年後期1.2年生対象に試行。
1979年完全実施。
具体的な手立てや方策
1997(H9)～
★探究科「自主研究」テキスト・日誌
★小学校の創造活動「自主学習」と中学校の探究「自主研究」との連携と交流
★2年生ポスター発表会、3年代表講堂発表会に小学生参加
1989(H1)～
★課題決定票
★自主研究日誌
★課題決めディスカッション
★卒業生による自主研究活動の見守りと助言
★自主研究指導書
★グループ内発表
(口頭発表)
★自主研究講堂発表会
(代表者の口頭発表)
★生徒祭ポスター発表
★研究集録
(紙上発表)
卒業生の支援

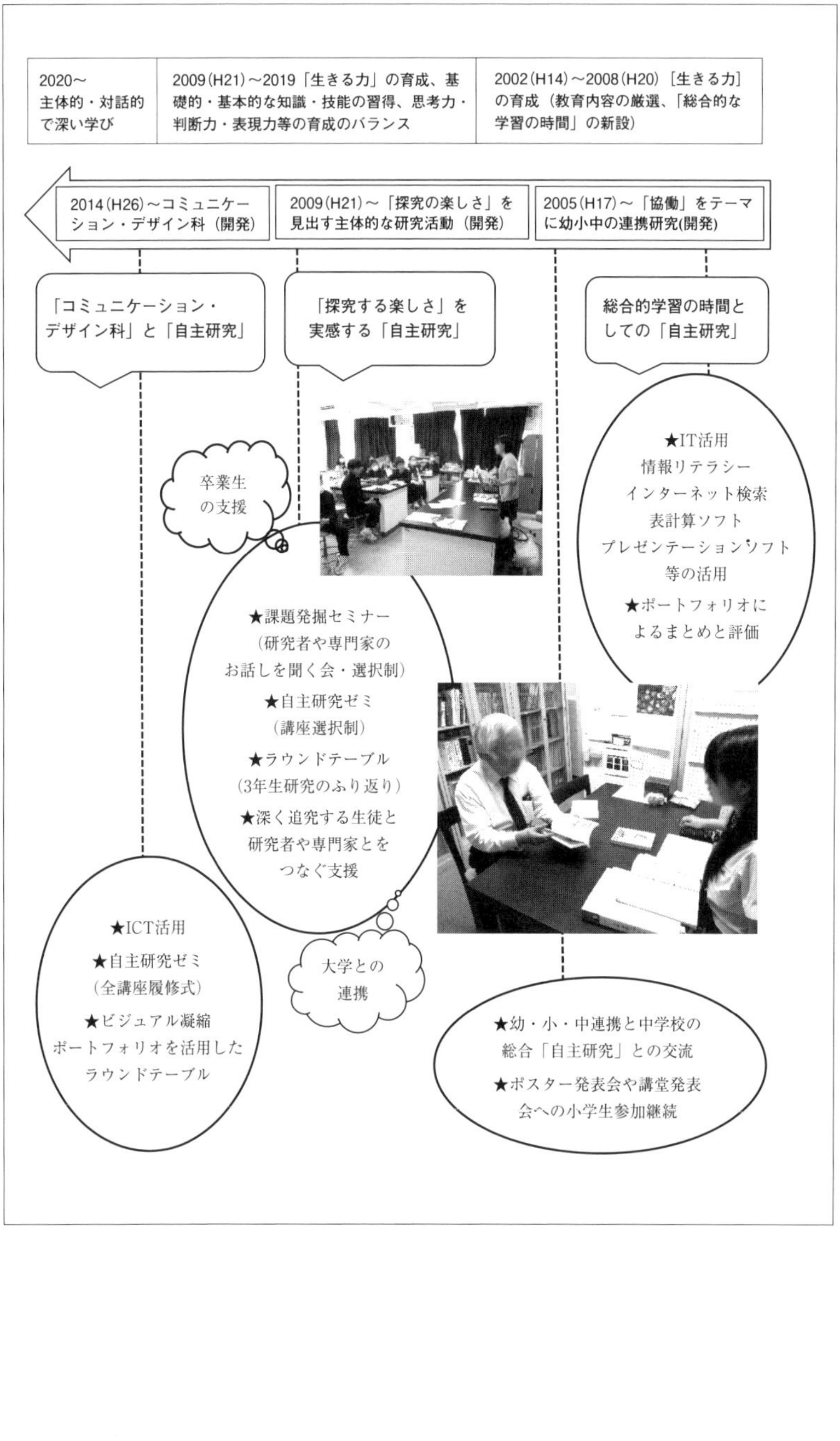
2020～
主体的・対話的で深い学び
2009(H21)～2019「生きる力」の育成、基礎的・基本的な知識・技能の習得、思考力・判断力・表現力等の育成のバランス
2002(H14)～2008(H20)［生きる力］の育成（教育内容の厳選、「総合的な学習の時間」の新設）
2014(H26)～コミュニケーション・デザイン科（開発）
2009(H21)～「探究の楽しさ」を見出す主体的な研究活動（開発）
2005(H17)～「協働」をテーマに幼小中の連携研究(開発)
「コミュニケーション・デザイン科」と「自主研究」
「探究する楽しさ」を実感する「自主研究」
総合的学習の時間としての「自主研究」
卒業生の支援
★IT活用
情報リテラシー
インターネット検索
表計算ソフト
プレゼンテーションソフト
等の活用
★ポートフォリオによるまとめと評価
★課題発掘セミナー
（研究者や専門家のお話しを聞く会・選択制）
★自主研究ゼミ
（講座選択制）
★ラウンドテーブル
（3年生研究のふり返り）
★深く追究する生徒と研究者や専門家とをつなぐ支援
★ICT活用
★自主研究ゼミ
（全講座履修式）
★ビジュアル凝縮ポートフォリオを活用したラウンドテーブル
大学との連携
★幼・小・中連携と中学校の総合「自主研究」との交流
★ポスター発表会や講堂発表会への小学生参加継続

◆誕生期　１９７８～７９年度　自主研究始まる

「ゆったりとした時間枠の中で、自己の興味・関心ある課題を見出し、それを価値あるものに練り上げる。そして、それと取り組むことによって、ひとつのものを完成する喜びを味わい、それを通じてそれぞれが自己実現の満足感をもてるようにする」ことをねらいとし、自主研究の歩みが始まった。

◆確立期　１９８９～９２年度　自主研究日誌と自主研究指導書の作成

1年後期から3年前期まで自主研究の記録を積み重ねられる自主研究日誌を作成した。また、どの教員も自主研究の指導ができるように自主研究指導書を作成した。巻頭に指導計画（表5-1）があり、その後に、授業ごとのねらいと指導内容、評価方法が、使用するプリントの一部とともに見開きで示されたページが続く。後半には配布プリントや自主研究日誌の書き込み例が掲載されている。これにより、自主研究の流れの原型が作られ、本校で確実に受け継がれていくことになった。

１９９０年、パソコンルームにコンピュータが20台設置され、文部省の「学校教育におけるコンピュータ利用」の指定研究を受け、授業での活用が始まった。自主研究にもコンピュータの活用が取り入れられるようになった。１９９２年、ゆとりの時間はなくなるが、自主研究は存続させることが決定した。

◆成長期　１９９７～９９年度　テキスト作成

文部省の研究開発の指定を受けた当初、自主研究を「探究の方法を学ぶ」教科、探究科とした。その後、教育課程を「教科」「探究」「総合」とし、自主研究を「教科」と「総合」をつなぐ新領域「探究」に積極的に位置づけた。この3年間で、探究方法を系統的に学ぶためのテキストを作成し、日誌とともに1冊にまとめた「探究科『自主研究』テキスト・日誌」（図5-1）を完成させた。

さらに、ポートフォリオによる評価が可能となるよう、テキスト・日誌に穴を開け、穴あきノート、クリアポケットとともに自主研究ファイルに一つにまとめる方式をとる

自主研究の指導計画

学年	指導の段階	時期	指導のねらい・身につけさせる能力	学習活動	具体的な指導内容	評価 教師	評価 生徒
1	ガイダンス	9月	イメージ作り	1）研究部主催講堂発表	3年生の発表による意識付け	聞き取り	聞き取
		9月		2）生徒祭講堂発表		用紙	り用紙
		10月	意義・目的の確認	3）自主研究説明会①	研究の目的・意義の説明。模造紙展示の見学		
		10月	課題発掘	4）　〃　②	担当顧問からの課題及び研究についての説明		
		11月		5）見学会・課題提出	自主研究見学会。課題決め。	課題決定	
		11月		6）課題の話し合い	小グループによる課題決めディスカッション	票	相互
					先輩及び先生からのアドバイス		
		11月	研究方法	7）自主研究説明会③	研究の仕方（研究の仕方・資料の探し方・図書	観察	
					室の使い方・日誌の書き方）		
	準備練習	12月	研究の試行	8）課題決定・研究①	担当顧問との相談。テーマ別グループの講義。		
	期間				研究計画の提出。	計画表	
				研究②	研究の実践	日誌及び	自己
					研究のアドバイス	観察	
				④		レポート	
		3月	まとめ方	9）グループ内発表レポート	担当顧問によるまとめ方・発表の仕方の説明。	まとめ用	自己
			発表方法		先輩から学ぶ。	紙・聞き	相互
						取り用紙	
2	本研究期間	4月	課題発掘	10）課題決定	課題の内容検討。担任・担当との相談。	課題決定	
				研究①		票	
					研究の実践		
				⑤	研究のアドバイス		
				夏休みの計画、研究	夏休みの研究の推奨		
				11）まとめ、レポート			
			まとめ方	12）研究部主催講堂発表	聴き方・研究の進め方・まとめ方・発表の仕方		
		9月	研究方法	13）生徒祭講堂発表	を学びとる	発表用紙	
			まとめ方	14）模造紙展示	研究の成果の発表	観察	
		11月	研究方法	15）学年発表会	全体・・お互いの研究を知る。まとめ方・発表		相互
		11月			の仕方を学び合う。		
					発信者・・まとめ方・発表の仕方の工夫。		
			課題発掘	16）課題の決定	継続課題の決定。研究計画の提出。	計画表	
				研究①	研究の実践	日誌及び	自己
						観察	
				研究⑥		レポート	
		3月	まとめ方	17）グループ内発表	研究の成果の発表。まとめ方・発表の仕方の工	まとめ用	相互
			発表方法		夫－－1年生の参考になるように心がける	紙・聞き	自己
						取り用紙	
3	まとめ期間	4月		研究①	課題は継続		
					最終的のまとめのできる研究計画と実践。	計画表	自己
				研究⑥		日誌及び	
				18）まとめ、レポート		観察	
		9月	まとめ方	19）研究部主催講堂発表	研究の成果の発表。まとめ方・発表の仕方の工	レポート	相互
			発表方法	20）生徒祭講堂発表	夫－－下級生の参考になるように心がける	まとめ用	
		11月		21）模造紙展示		紙・聞き	
				22）1年生へアドバイス		取り用紙	
		12月	まとめ方	23）自主研究集録の執筆	研究成果の紙上発表。	集録	相互

表5-1　自主研究の指導計画（指導書）

1．研究への取り組み方

(1)研究に取り組む前に～自己を見つめよう～

私たちのまわり四方八方には、『未知の世界』が無限に広がっています。普段あまり気にせずに生活していますが、いろいろな機会に『未知の世界』の存在に気づきます。そんな中で、もっと知りたいと思うような興味を持つ世界が、きっとあるはずです。研究活動は、その世界を自分の足で歩んで、自分なりの世界観をもつことです。未知の世界を歩くことは時にはつらいこともあると思います。しかし、その世界について知りたいという気持ちが強ければ、世界を知ることの喜びのほうが大きく、つらさも負担にはならず、旅を全うすることができるでしょう。ぜひ、自分が旅をしたいと思う世界を見つけてください。

(2)研究のなりたち

自己を見つめる
動機
↓
事前調査
↓
目標
「何」を「どうしたい」
課題決め
↓

研究はいろいろなことに例えられます。これまで『未知の世界への旅』に例えてきたので、その例で考えたいと思います。

旅をするには旅先を決めることから始まります。研究では、自分が何に興味があるのかを知るために、自己を見つめる段階にあたります。旅先の候補がいくつもあるときには候補地の基礎的な情報を集めて検討します。これは事前調査にあたります。旅先が決まったら次にはどんな旅にしたいかを決めます。これが目標決めと課題決めです。

↓
仮説を立てる
研究計画

自分の思うような旅にするには、どこをどのように歩いてまわるとよいのか考えて計画を立てます。これが仮説を立てること、そして研究計画を立てることにあたります。

↓
準備
↓

いよいよ旅のはじまりです。これが研究活動になります。旅の直前には地図をはじめ必要なものを準備します。
研究でも地図やガイドブックに相当する基礎資料を準備します。

研究活動

試行錯誤
自分らしさ
根気強く

色々な探索方法
↓

そして実際に旅に出発します。旅に出てみると計画通りに進まないことがあるかと思います。しかし、目標さえはっきりしていれば、少々の計画の変更は構わないことでしょう。新しい発見で予定していた旅よりも、より幅広い旅になることもあります。一方、目標がはっきりしていないと目移りして、その場しのぎのつまらない旅になってしまいます。

旅には名所旧跡や資料館を訪ね歩いたり、現地の人たちとの交流を持ったり、自然の様子を観察したり、その世界でゆったりと過ごすことにより雰囲気をじっくり感じ取ったり、実際にその世界の生活を体験させてもらったり、様々な方法で旅をすることができます。研究も同様です。研究をより充実させるためにもいろいろな探索方法を選んでみてください。

資料の整理
分析
考察
↓
まとめ
↓
発表
評価活動

旅から帰ってきたら旅の思い出を整理します。旅をしながら集めた情報を整理し、分析し、自分なりの世界観を創り上げます。研究では資料の整理、分析、考察（仮説との照合）の段階です。資料の整理で終わることなく、自分の頭で考え、自分なりの考えを持ちましょう。

旅の写真を整理し、旅の思い出記録を工夫してつくるように、研究も自分なりに工夫したまとめをします。また、旅の思い出を他の人たちに紹介するように、研究でも発表をします。研究の報告書（レポート、研究集録）をつくったり、友達の前で発表したりします。その際行われる質疑応答や自己評価、相互評価が更なる研究への足がかりになるのです。

図5-1　1999年に作成したテキストの一部

ようにした。

1999年、無線LANが校内に導入され、自主研究のためのコンピュータ活用がより盛んになった。

◆充実期　2009〜11年度　「探究の楽しさ」と自主研究

自主研究に関し大規模な卒業生アンケート（図5-2）を実施し、自主研究が本校で意義ある教育であることを確認した。またアンケートから見出した課題の解決策として、いくつか新たな試みを実施した。

一つは1年後期の探究の基礎を学ぶ自主研究ゼミの開始である。担当教員6、7名が講座を開設し、生徒が興味のある講座を選択し、探究方法を学ぶものである。

次に課題発掘セミナーの開講である。卒業生やお茶大の先生方にゲストティーチャーとなっていただき、探究の楽しさ、探究のコツなどを話していただ

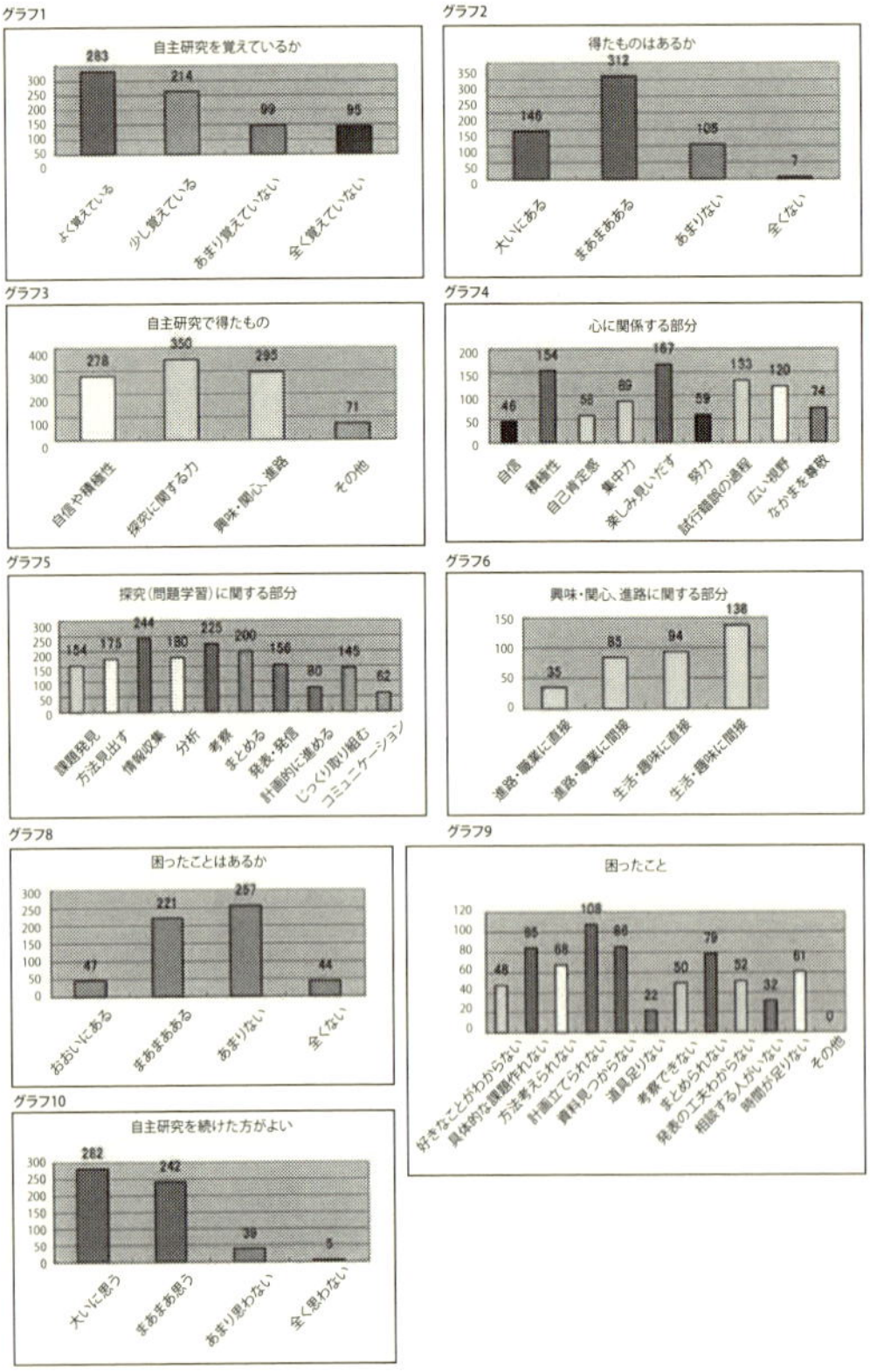

図5-2　卒業生アンケート

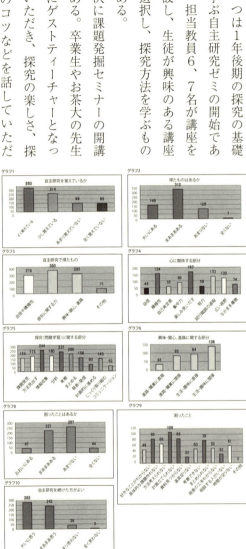

く。自分の興味をもつテーマを二つ選択できるようにした。

さらに顧問が生徒と専門家との橋渡しをするシステムの構築である。ときに生徒自身が果敢に学外の研究者に約束をとりつけインタビューをする場合もあるが、多くは顧問が学内の研究者とつないでいる。

最後にラウンドテーブルの開設である。これは3年生が探究活動全体をふり返る省察の場である。これまで研究のまとめは発表会と研究集録の原稿作成であった。そこに、研究の過程そのものをふり返り、困難をどのように乗り越えてきたかを下級生や教員以外の大人に語る場を加えたのである。3年生は、さまざまな立場からの感想や肯定的評価を得て、自主研究を成し遂げた達成感を改めて味わうのである。

◆発展期　2014～17年度　コミュニケーション・デザイン科と自主研究

文科省の研究開発の指定を受け、協働的な課題解決のための新教科「コミュニケーション・デザイン科」を新設した。そこで改めて個人で探究する自主研究が見直された。特に1年生の自主研究ゼミに関して、全員が探究の方法を共通して学べるよう、6人の教員が開講する授業（図5-3）を20名ほどの生徒が順次回って学ぶ形式へと変更した。また、ラウンドテーブルでは、ビジュアル凝縮ポートフォリオを取り入れ、省察の場を一層充実させた。新教科の研究を通して、自主研究が本校において重要な教育活動であることが改めて確認され、さらなる発展へと向かって動き始めている。

図5-3　自主研究ゼミの様子

自主研究を支え続けてきた同窓会（鏡影会）

●ジャンル別グループへの配属

自主研究の時間、実技を伴うグループや人数が多いグループには卒業生が配属される。特に理科や運動グループはさまざまな個別研究が教室内にとどまらずキャンパス、体育館・テニスコートなど色々な場所で繰り広げられ、担当教員の目が行き届かない。生徒たちの安全確保のため、卒業生に付き添ってもらっている。自主研究での教員の指導の在り方を熟知しているため、生徒の主体性を尊重しつつ、必要に応じて相談にのったり、助言をしたりしてくださっている（図5-4）。

グループ内発表会でも、一人ひとりの発表に対して丁寧にコメントを返してくださっている。これは日頃から生徒を注意深く観察・支援してくださっている証でもある。

図5-4　アドバイスしてくださる卒業生

●1年生・課題発掘セミナーでのゲストティーチャー

本格的な自主研究を始めるに当たって、自分の興味・関心がどのような方向に向いているか、また、探究するとはどのようなことかを知るために、さまざまな分野で仕事や研究に打ち込んでいる人たちのお話を聞く会を設けている。この会のゲストティーチャーとして、卒業生にも、仕事や研究の内容、その追究の工夫や楽しさをお話していただくことが多い。卒業生は、探究の楽しさのお話に加え、中学時代の過ごし方も熱く語ってくださることが多くある。

●2年生・学年発表会への参加

2年生の学年発表会は体育館でのポスターセッションである。そこにも卒業生が参加し、普段配属されていないグループの生徒に対しても、質問を投げかけたり感想を伝えたりしてくださっている。

●3年生・ラウンドテーブルへの参加

ラウンドテーブルは少人数の1・2年生の前で自分の自主研究の歩みを振り返る場面である。そこに日頃指導している教員以外の大人の存在は欠かせない。教育実習生や卒業生にも加わってもらっている。豊かな人生経験を背景とした温かな肯定的感想により、3年生は自主研究が自分にとって意義のあるものであることを再認識できるのである。また、その励ましの言葉により次への一歩を踏み出す勇気を得るのである。自主研究において卒業生の存在は大きい。

（薗部幸枝）

参考文献

お茶の水女子大学附属中学校教育研究会『「ゆとり」の教育実践――自主研究を中心として』第一法規、1982年。

コラム 3

「自主自律」と高等学校での実践例

附属高等学校（以下、お茶高）の教育目標は「自主自律」である。これまで紹介のあったように、中学校は「自主自律 広い視野」、小学校は「自主協同」を教育目標としており、幼稚園は自らの取り組みたい遊びを中心とした幼児教育を実践している。まさに、お茶の水の附属学校園を語る上で、『自主』こそが教育の根幹であるといっても過言ではない。その中で、お茶高では附属幼・小・中の積み上げを基盤とした完成度の高い「自主自律」の体現を追求している。ここでは、お茶高の生徒たち（以下、お茶高生）の自主自律とお茶高での『自主』を象徴した学びの具体的な実践例について紹介したい。

お茶高生と「自主自律」

お茶高を表すうえで、「360の輝く個性」という言葉がある。全校生徒360名と小規模なお茶高は非常に個性豊かで、さまざまな能力・才能を生かしつつ、のびのびと意欲的に学校生活を送っている。学校や先生から指図されたり、縛られたりすることなく、お茶高生一人一人が「自主自律」を意識しながら、自分自身で思考し、判断し、自らを律した行動がとれるよう求められている。

学習面では、こだわりや興味・関心が強く、好奇心旺盛で学びに向かう姿勢も内発的かつ主体的な生徒が多くみられる。知識を蓄積するだけでなく、得た知識をアウトプットすることを重視し、ディベート、ディスカッションといった対話的な学習では、論理的思考力を生かし、建設的な意見を述べ、充実した言語活動が展開される。また、プレゼンテーションや発表学習では、どうすれば相手にわかりやすく伝えられるかを考え、お互いに助言や指摘しあいながら、忌憚なく評価する姿がみられる。

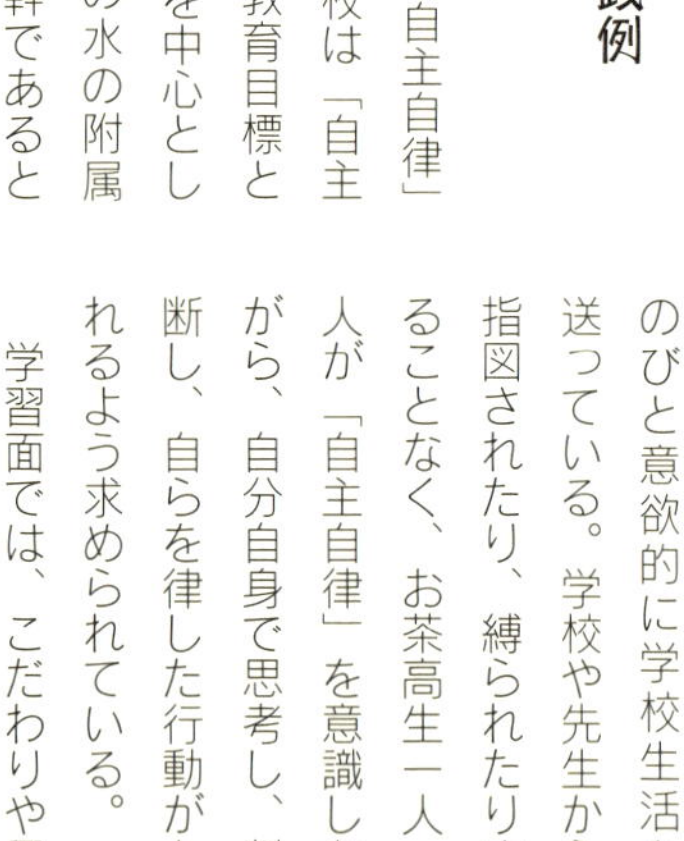

生活面では、学校行事が代表例であるが、お茶高の伝

統行事である輝鏡祭（文化祭・体育祭・ダンスコンクール）は計画・立案からすべて自分たちで考え、工夫と試行錯誤を繰り返しながら創り上げている。

このような生徒像は、高校現場での指導もさることながら、同時に附属学校園で培われてきた指導の賜物とお茶の水共通のバックボーンである『自主』から築かれているのだろうと感じる次第である。「自主自律」の定着したお茶高生は、卒業後もその能力をいかんなく発揮し、多方面で活躍している。

「持続可能な社会の探究」～探究型学習の充実～

お茶高では、平成26年度より文部科学省からSGH（スーパー・グローバル・ハイスクール）の指定を受け、その事業の一環として、従来行われていた学校での学びを更に発展・統括する形で「持続可能な社会の探究」を総合的な学習の時間において行っている。幼・小・中から培われた自主・自学の積み上げを活かしながら、自国文化を含む多文化理解、共感力、協働精神を有し、国際社会の平和と持続可能な発展に寄与する意欲と能力を持つ人材の育成を目的に、さまざまな探究活動に取り組んでいる。

「持続可能な社会の探究」では、生徒自ら課題を設定し、高校生という立場で実現可能な問題解決を目指している。ここでお茶高生は、自ら積極的に外部のさまざまな研究機関や団体に連絡をとって訪問するフィールドワークを行ったり、さまざまな外部の大会に積極的に参加したり、時には自らが中心となってイベントを開催したりと、主体的に活動している。こうした活動の根底には、「課題を発見し、解決方法を考え探究する活動は将来の役に立つ」「自主的に社会貢献や自己研鑽に取り組みたい」というお茶高生の強い意識がある。答えが一つではない課題に向き合い探究すること、自ら行動すること、そして他者と協働することを通じて得た経験が、次にお茶高生が向かう先で必ず生きてくるだろう。

（佐藤健太・山川志保）

Ⅵ　自主研究発表事例のいろいろ

本章では、自主研究の発表事例を紹介する。

【グループ内発表】

2、3年生の9月に各グループ（全13グループ）で全員が発表する。2年生は半年間の、3年生は1年間の研究の成果を、持ち時間3～5分程度で自分の好きな方法で発表できるのだが、最近は10～20スライドのプレゼンテーションソフトを使った発表が多い。ここではその一部を紹介する。

【ポスターセッション】

2年生の2月に1年間の継続研究の中間発表として全員が行う。2年生全員が半数ずつ発表者と聞き手に分かれ、途中で交代する。各人、成果を模造紙一枚にまとめたものを掲示ボードに貼り、それを示しながら3分程度の発表を二度行う。この日は1年生や小学生も参観に来る。ここでは2年生全員のポスターの中から4名の例を紹介する。

【講堂発表】

3年生の9月に1年間の継続研究の総括としてグループ内発表を行うが、それぞれのグループの代表に選ばれた13名が大学講堂で全校生徒の前で発表する。最近は圧倒的にプレゼンテーションソフトを使った発表が多いが、舞台上でのパフォーマンス発表もある。ここでは代表者1名の全スライドと読み上げ原稿を紹介する。

【ビジュアル凝縮ポートフォリオ】

3年生は、最後のグループ内発表を終えたあと全員が自分の研究の振り返りをA2判（A3判の倍）のケント紙にグラフ等を活用して時系列でまとめ、それを示しながらラウンドテーブル方式で発表する。6～7名の聞き手（1～2年生や教育実習生等の大人）は批判せずに共感的に聞き、発表者は、研究内容自体は簡略化して研究の歩みや苦労話に重点を置いて語る。ここでは4名の例を紹介する。

【自主研究集録】

3年生は、秋に「ラウンドテーブル」が終了したあと、2年間の研究の集大成としてミニ論文を執筆する。2年前期の研究と、2年後期～3年前期の研究とでテーマを変えた場合は、最後のテーマで書くことになっている。記念的要素もあるため手書きを原則としているが、最近はワープロ打ちもある。全員の原稿が集録として印刷製本されて3年生には卒業前に1冊ずつ配布される。また、各教室には創刊号からの全号が置かれており、在校生はいつでも閲覧することができる。ここでは2名の例を紹介する。

◇グループ内発表（２例）

「未来の再生医療——ＥＳ細胞とｉＰＳ細胞から考える」

理科一般グループ　２年生　２０１５年２月発表

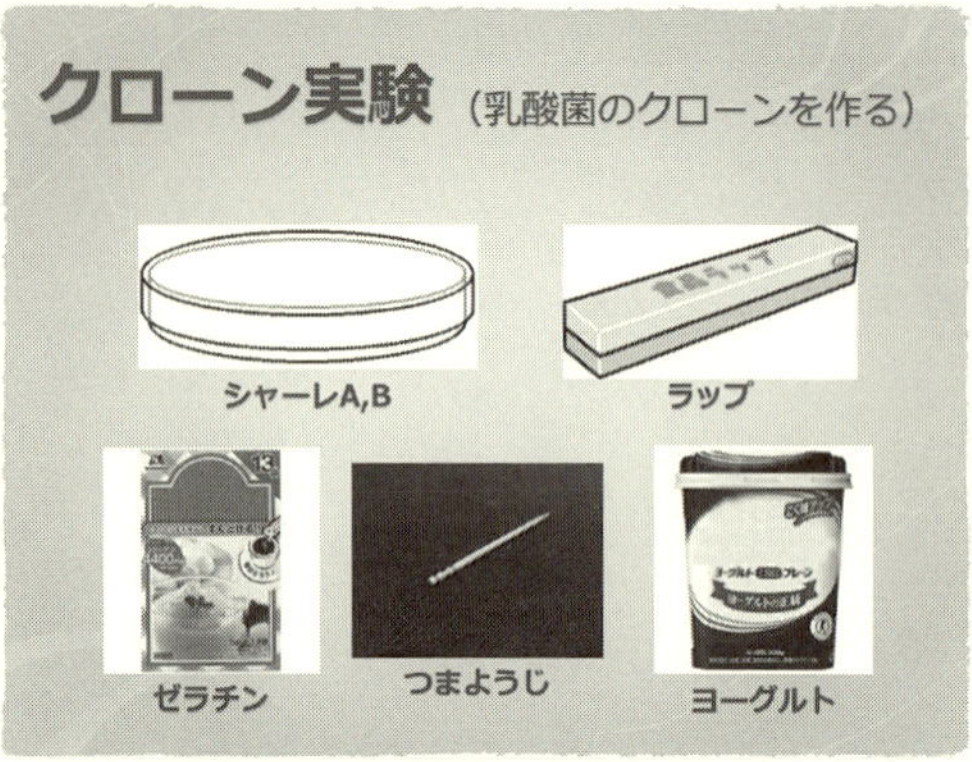

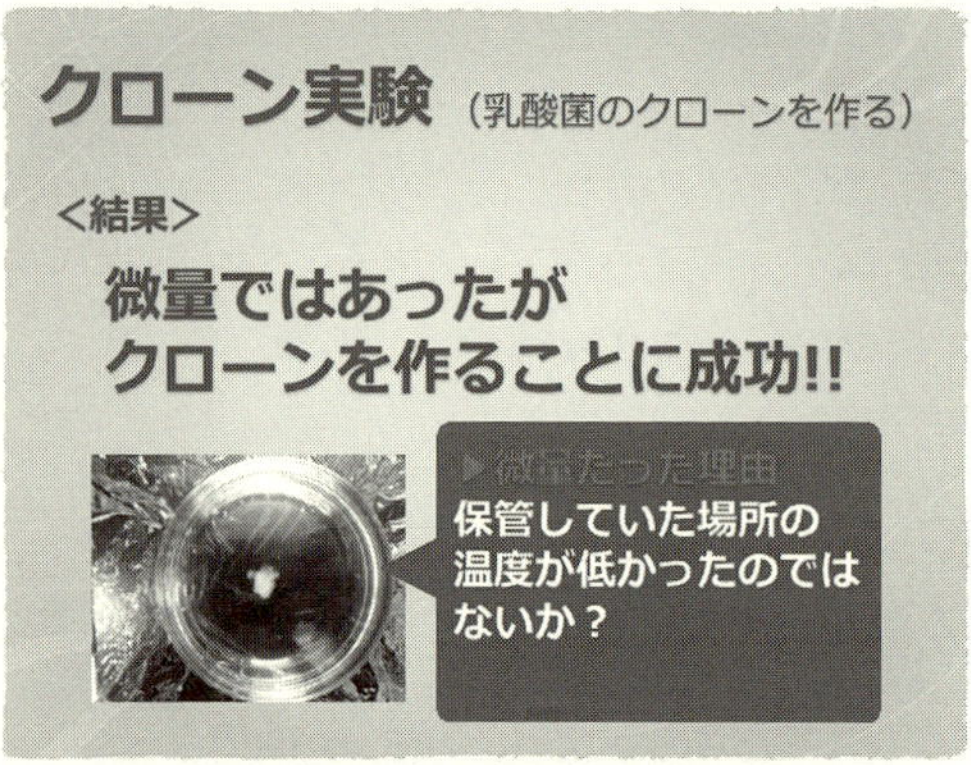

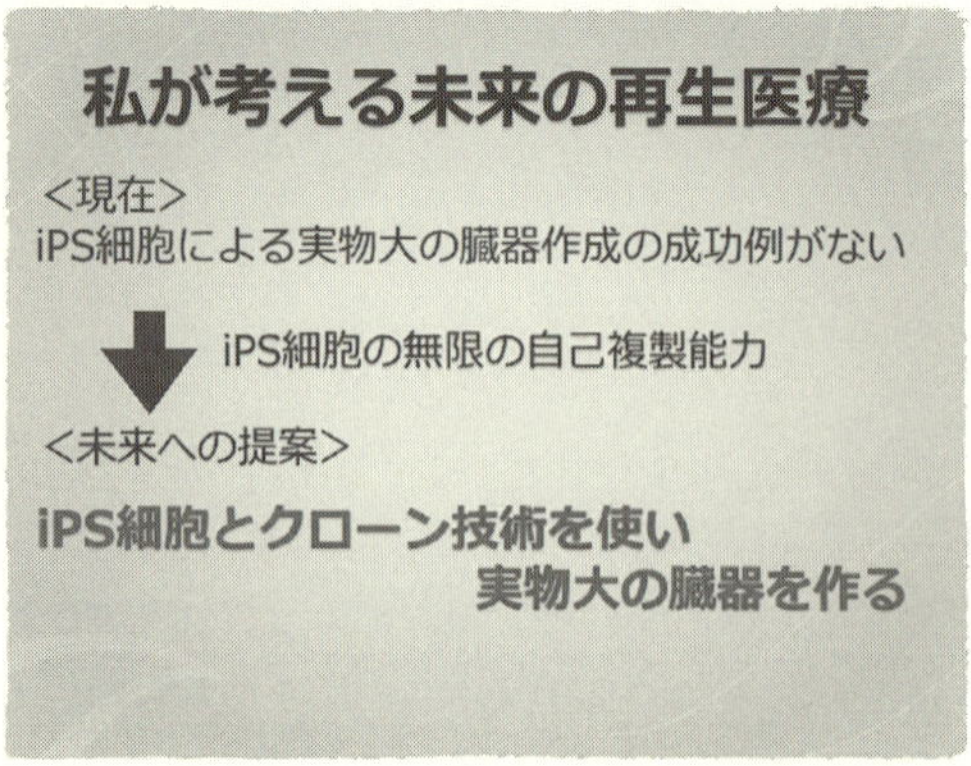

「自分のプレースタイルを探す――ボレーを極める」

運動グループ 2年生 2012年2月発表

自分のプレースタイルを探す
～ボレーを極める～

プロの連続写真と比べると
(ハイボレー)

足が全く曲がっていないのがわかる。

ラケットの位置が後ろになてしまっている。

左足が前に出てしまっている。

少し体が開いてしまっている。

実技結果

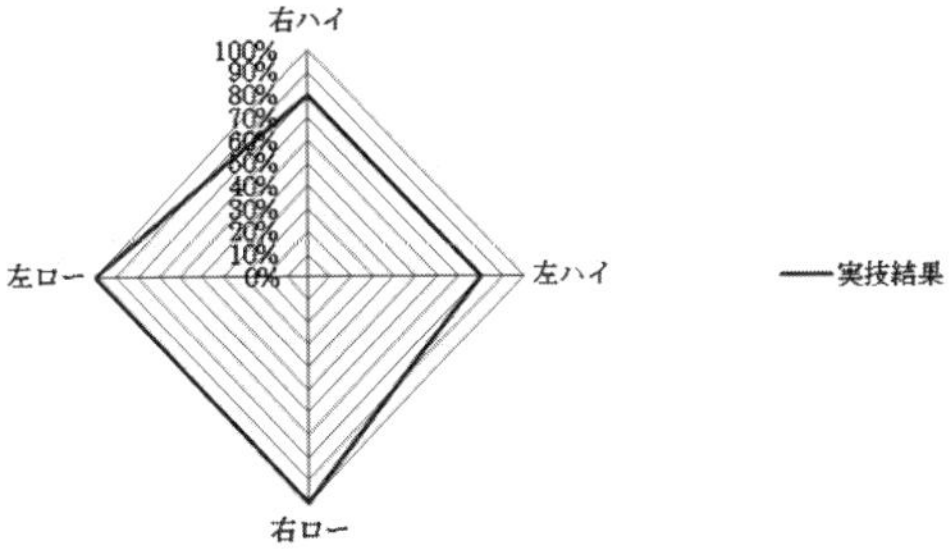

◇ポスターセッション（４例）

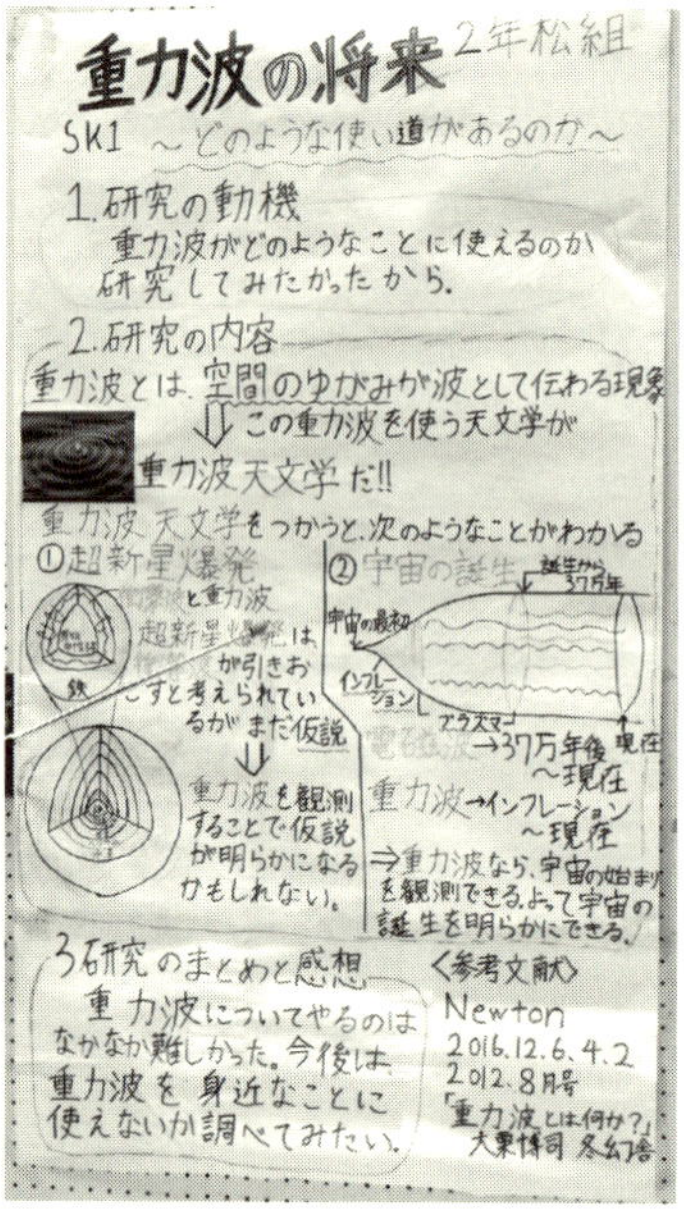

「重力波の将来」
理科一般グループ　２年生
２０１７年２月発表

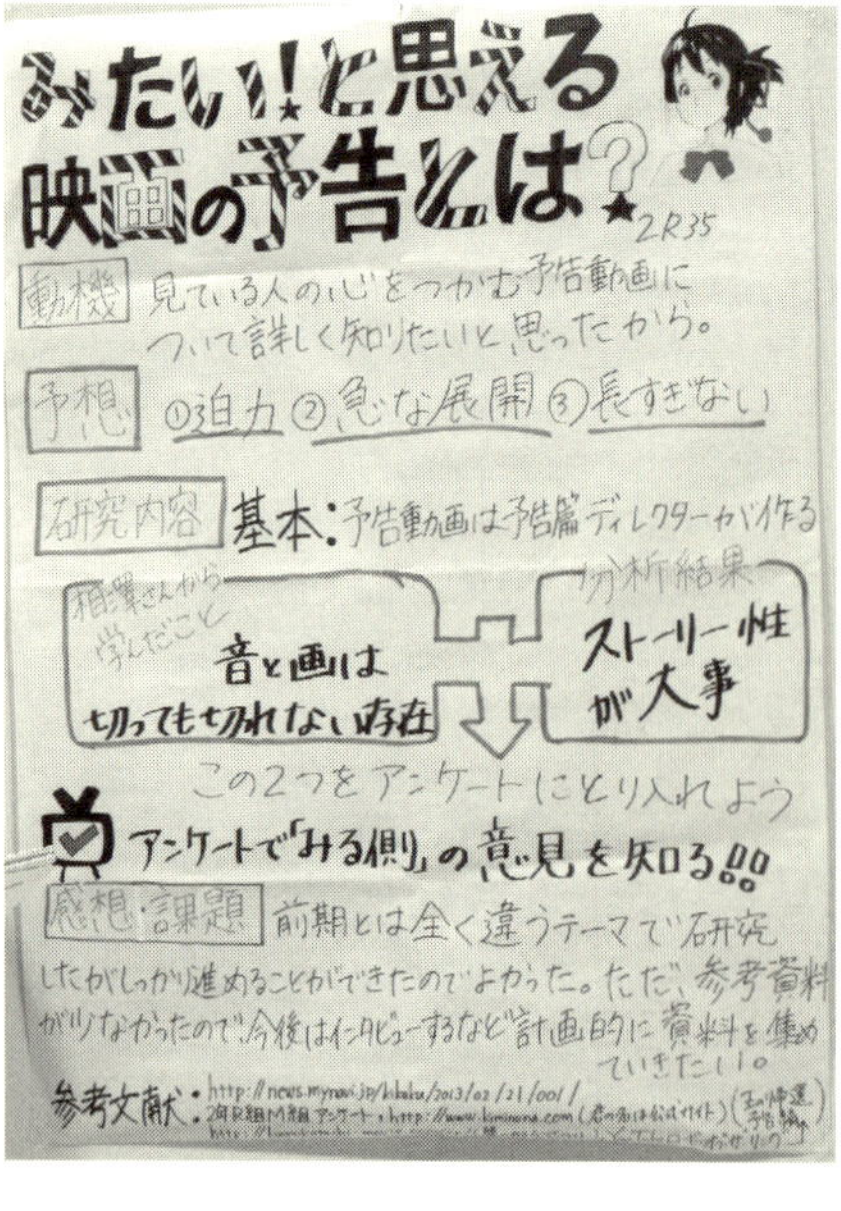

「みたい！と思える映画の予告とは？」
映画・演劇グループ　２年生
２０１７年２月発表

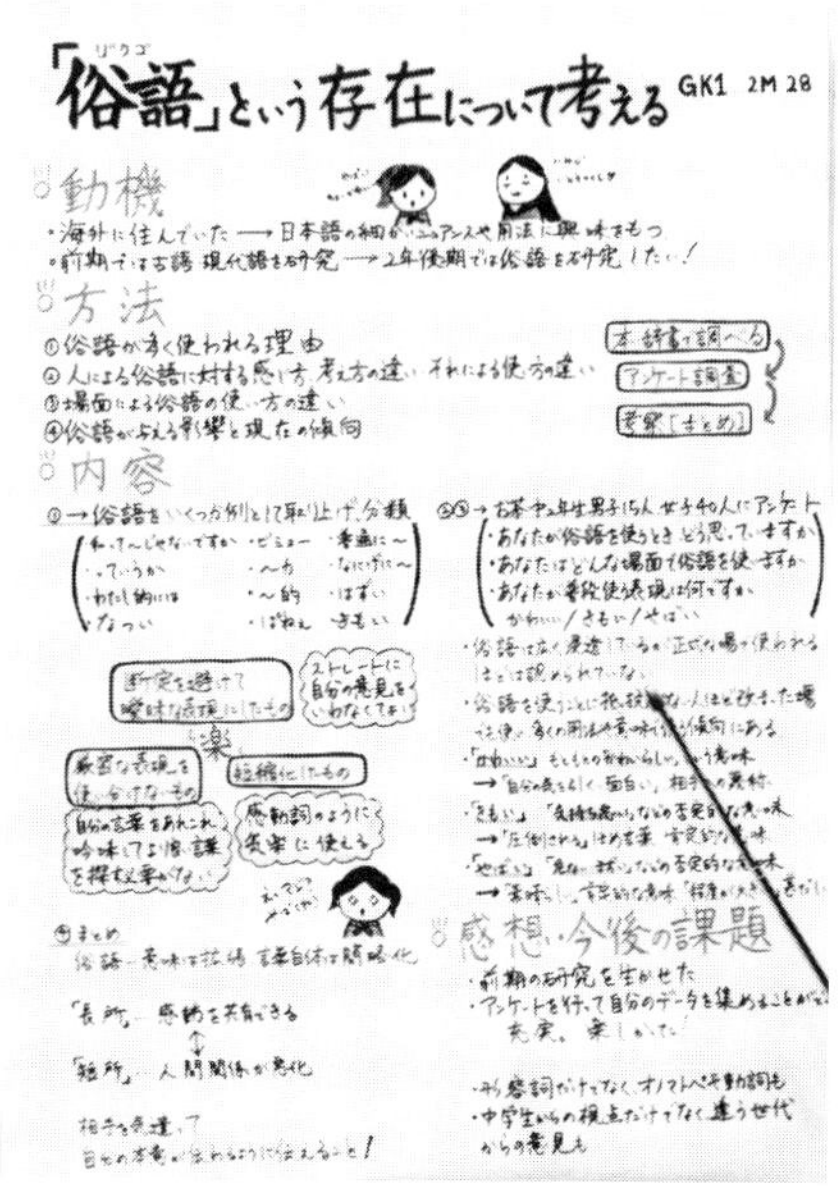

「『俗語』という存在について考える」
言語グループ　2年生
2017年2月発表

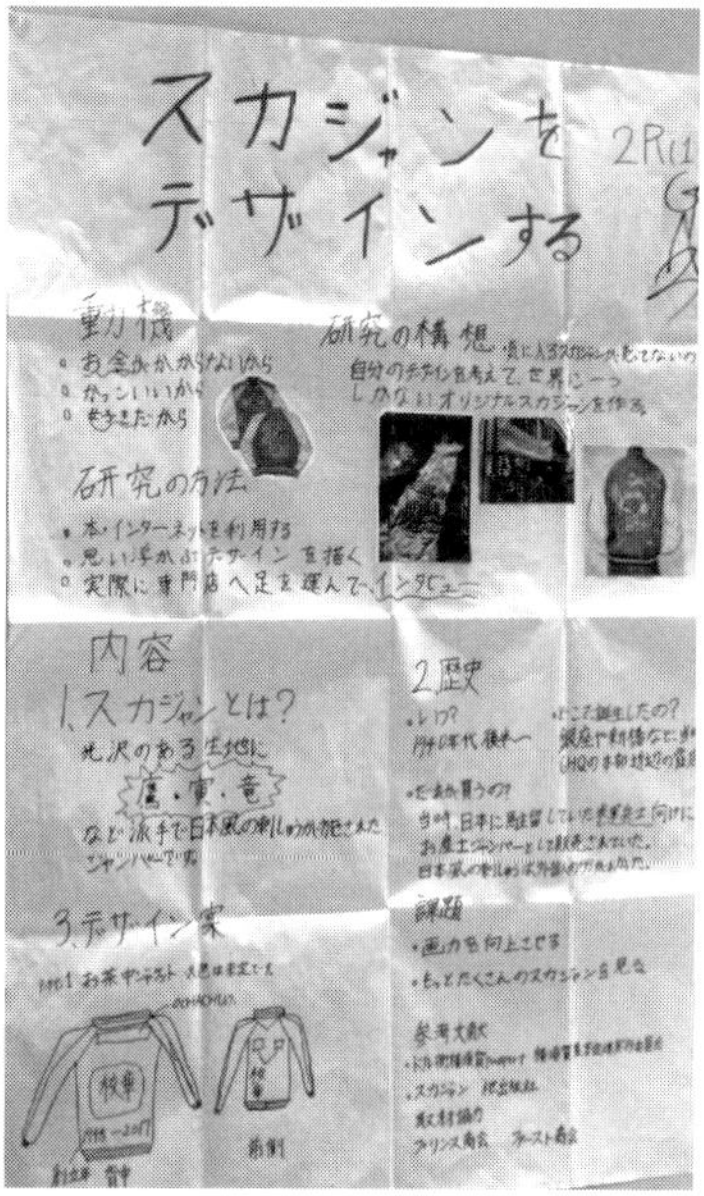

「スカジャンをデザインする」
美術グループ　2年生
2017年2月発表

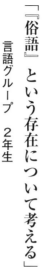

◆講堂発表（1例）

「旅のお供駅弁を作ろう！」

生活グループ　３年生　２０１４年９月発表

1　これから発表を始めます。私は、「旅のお供駅弁を作ろう！」というテーマで研究を進めてきました。なぜこのテーマにしたかというと、

2　２年前期で人気の駅弁について調べた後、林間学校で訪れた長野県の自然や長寿に対する健康への取り組みに興味を持ち、２年後期に長野県のオリジナルの駅弁を作り始めました。また、後期の研究までに主菜とデザートを考えてきたので、今回はこの駅弁を完成させたいと思ったからです。今回は研究してきたうちのおかずと包装紙について発表します。

3　予想と仮説、方法は以下の通りです。

4　（とばす）

5　前回までの研究で、長寿である長野県の「減塩運動」を取り入れた中学生向けの駅弁、また長野県の特産品を多く取り入れたものを作ると決め、主菜とデザートとして、以下の二つを決定しました。

6　研究結果です。中身の様子はこのようになりました。

7 これらのおかずを決定するまでに、アンケートを実施し、改善を行ってきました。主に、長野県庁にレポートを送って、ご意見を伺ったり、自主研究グループＫＢ４内で実際に作ったものを試食してもらい、アンケートに答えてもらいました。

8 アンケートを踏まえ、カレーマリネは漬け込む時間で味の濃さを調整し、野沢菜のワサビマヨ和えは加えるマヨネーズとワサビを減らし、辛さを抑えました。ほかにもきんぴらの長さなどの工夫を重ねました。

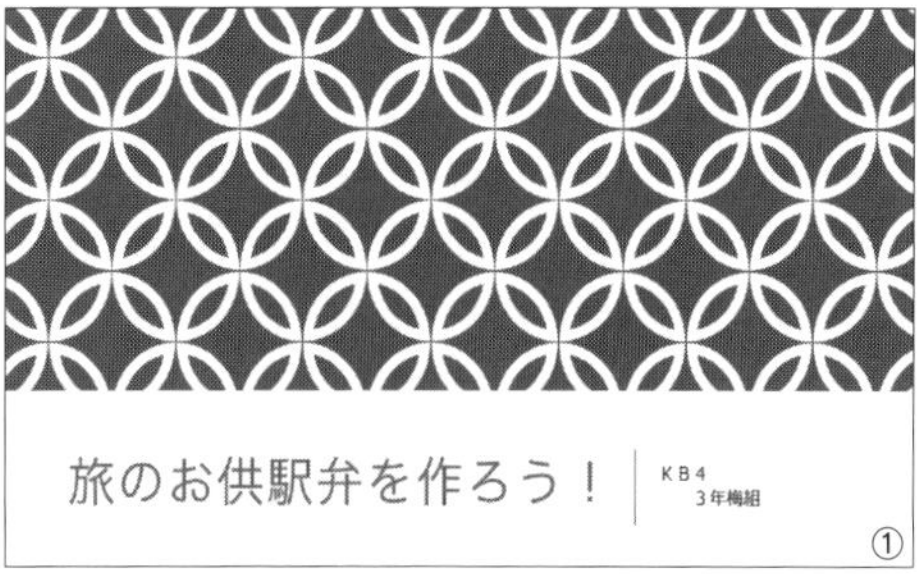
旅のお供駅弁を作ろう！
KB4
3年梅組
①

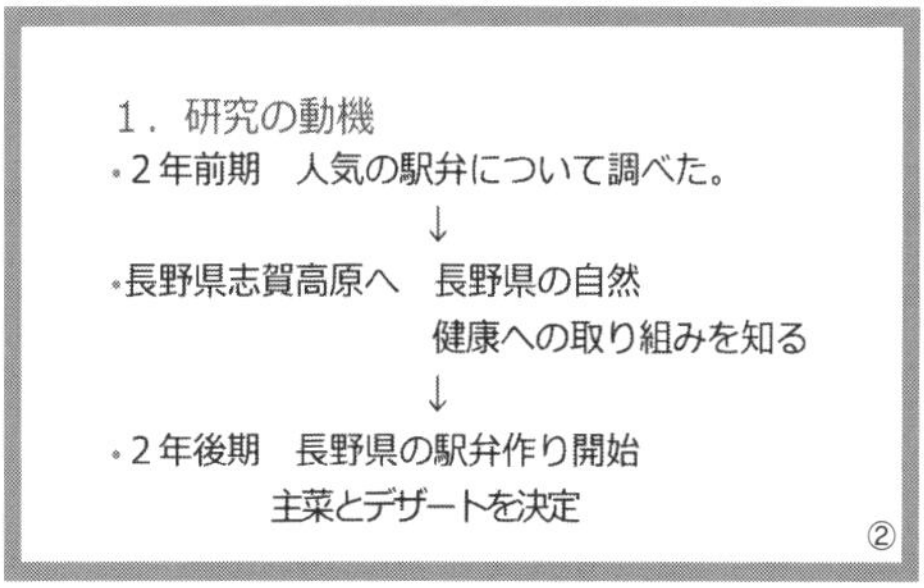
1．研究の動機
・2年前期　人気の駅弁について調べた。
↓
・長野県志賀高原へ　長野県の自然
健康への取り組みを知る
↓
・2年後期　長野県の駅弁作り開始
主菜とデザートを決定
②

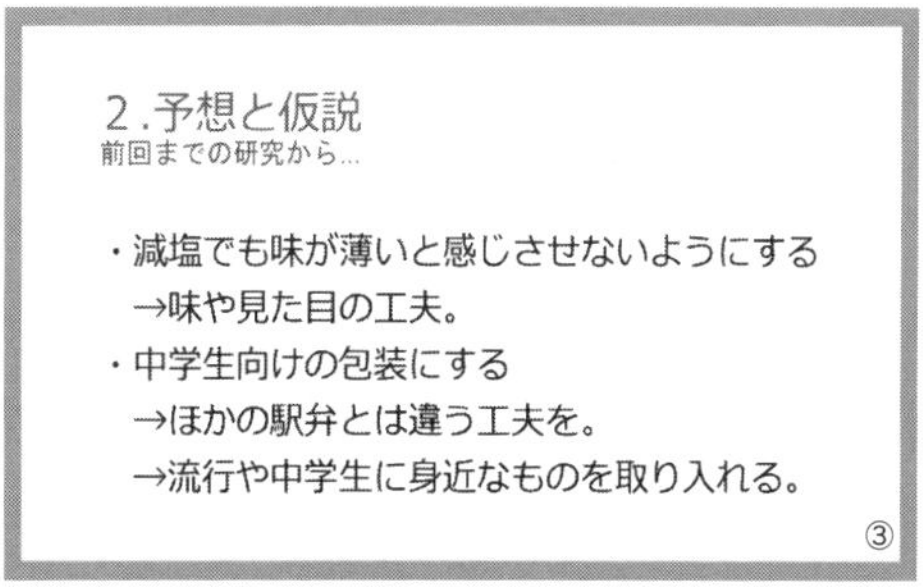
2.予想と仮説
前回までの研究から…
・減塩でも味が薄いと感じさせないようにする
→味や見た目の工夫。
・中学生向けの包装にする
→ほかの駅弁とは違う工夫を。
→流行や中学生に身近なものを取り入れる。
③

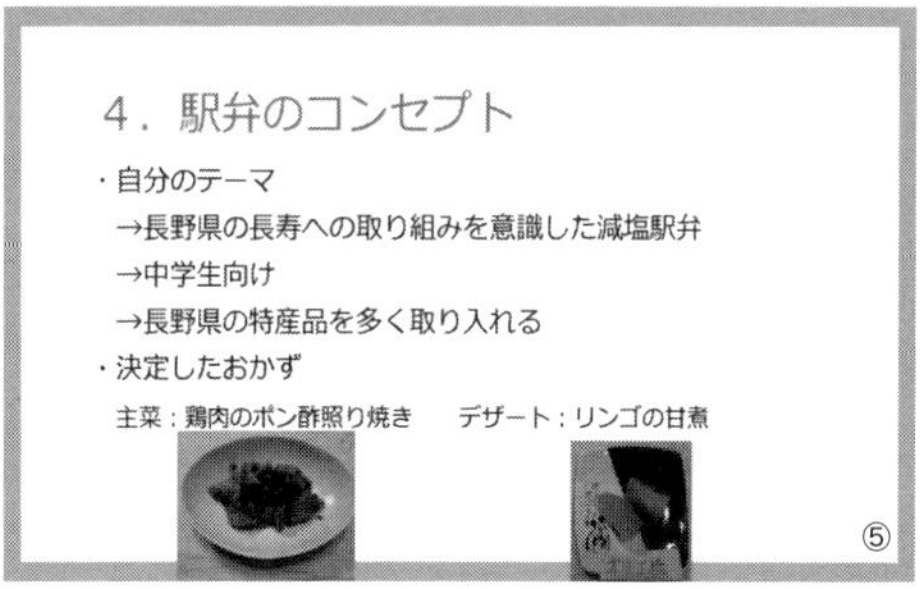
4．駅弁のコンセプト
・自分のテーマ
→長野県の長寿への取り組みを意識した減塩駅弁
→中学生向け
→長野県の特産品を多く取り入れる
・決定したおかず
主菜：鶏肉のポン酢照り焼き　デザート：リンゴの甘煮
⑤

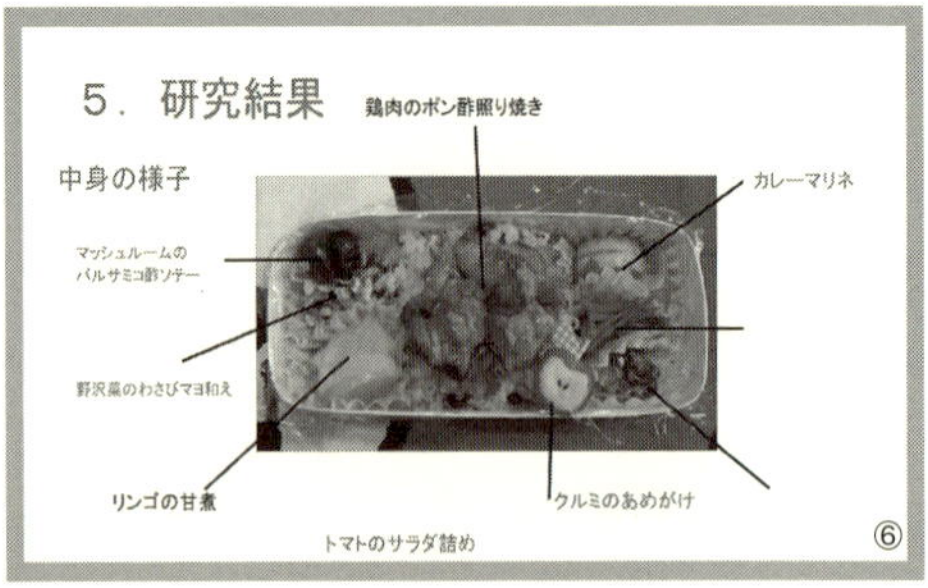

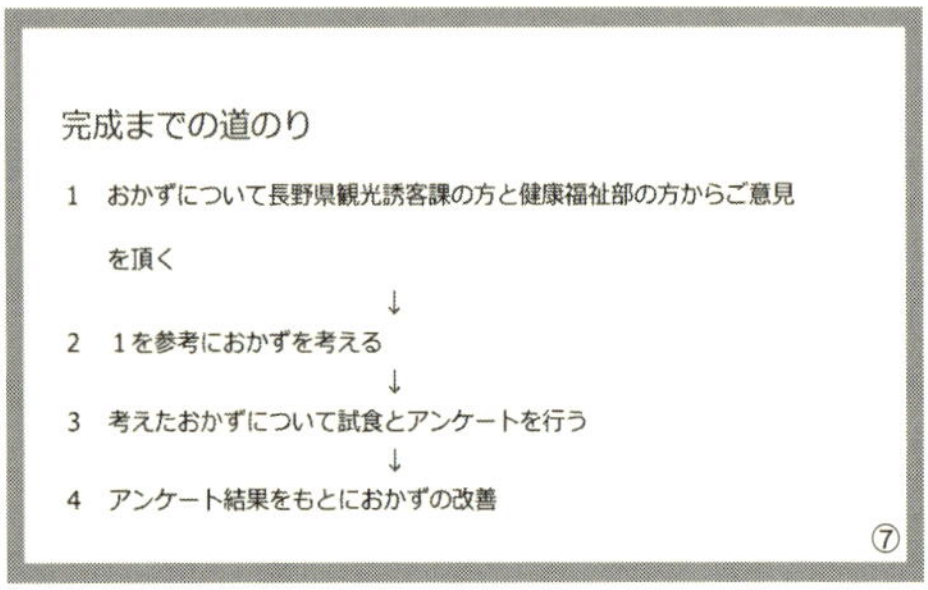

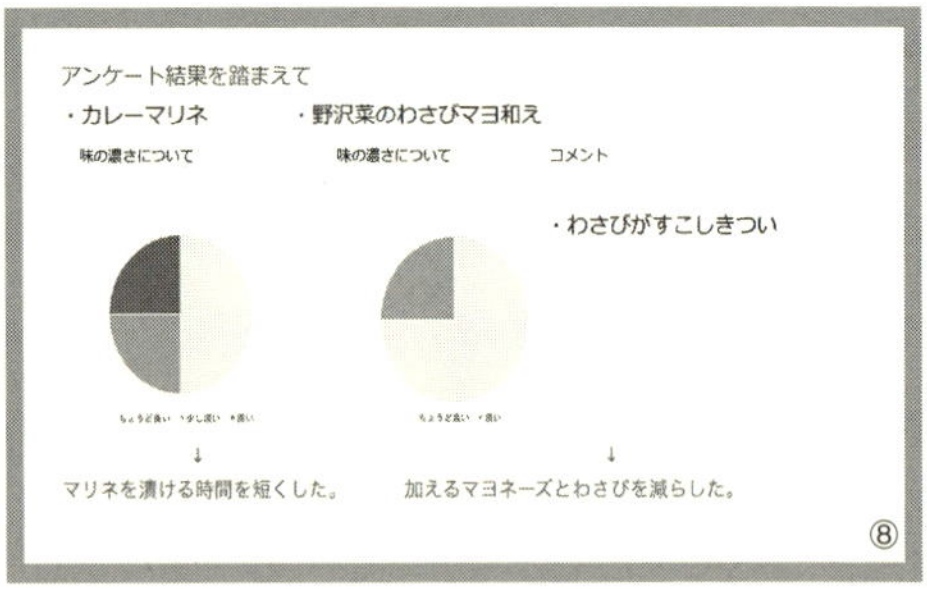

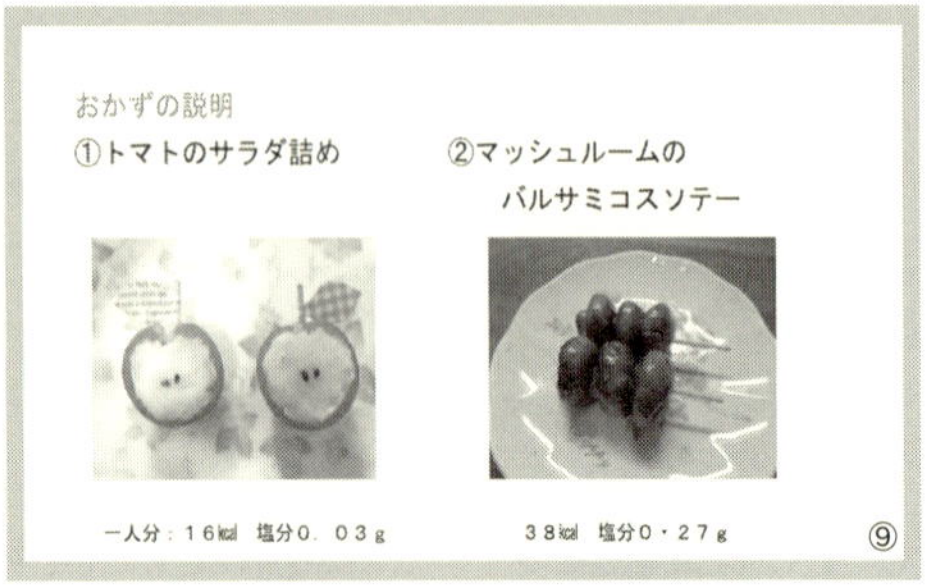

9　決定したおかずについて紹介します。①トマトのサラダ詰め、②マッシュルームのバルサミコ酢ソテーです。①は特産品のリンゴをイメージして、②は生産量トップのキノコの丸い形を利用し、見た目も楽しめるように工夫しました。

10　次です。③カレーマリネ、④寒天入りきんぴらごぼうです。③はカレー粉を使うことで塩分量を抑え、④は定番おかずのきんぴらに長野県で作っている糸寒天を加えることで食感も楽しめるようにしました。

⑪ 最後は、⑤野沢菜のワサビマヨ和えと、⑥クルミのアメがけです。伝統食の野沢菜はマヨネーズと和えることで、生産量一位のクルミは濃い甘さにすることで、中学生向けの味付けにしました。

⑫ 以上おかずは８種類です。全体で、５９５キロカロリー、塩分２・45グラムです。これはあるメーカーの「のり弁」と比較してみると、このように違います。

⑬ 包装についてです。２０１４年１月17日に２年梅組、菊組の65人に長野県のイメージについてアンケートを行ったところ、このような結果になったので、自然をイメージした包装づくりをすることに

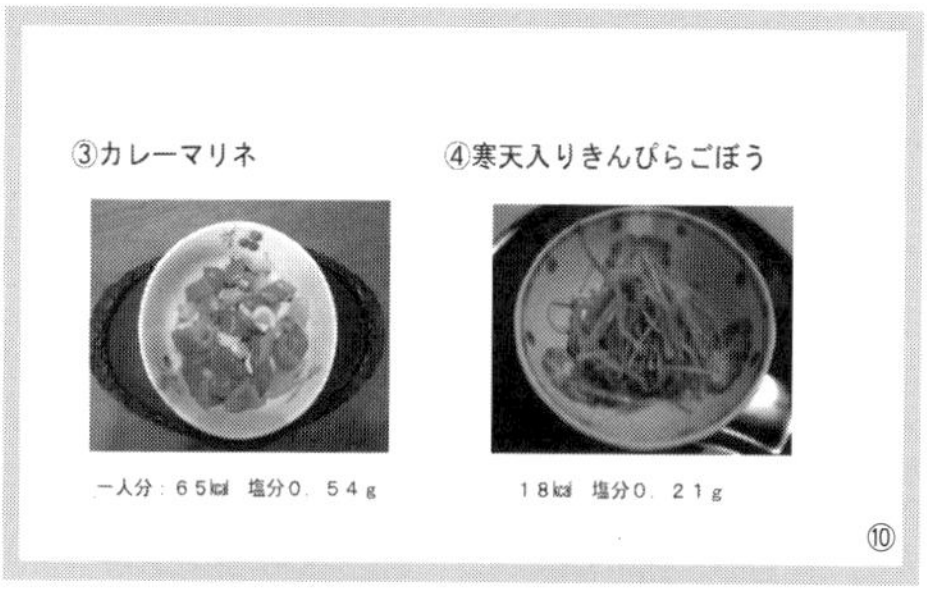

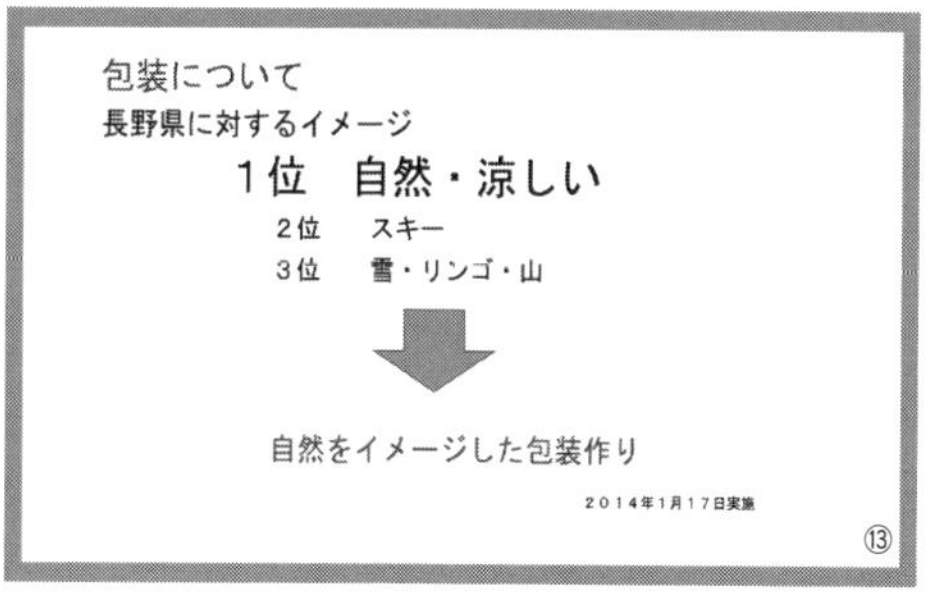

しました。

⑭ 二つの包装を考え、2014年6月30日に自主研グループ28人にどちらがよいかアンケートを行ったところ、Aのほうが多かったので

⑮ Aに決定しました。

⑯ ちなみに包装に描かれているキャラクターは、長野県のご当地キャラ、アルクマです。ゆるキャラグランプリは28位、著作権の関係で今後露出も増え、アルクマを見て手に取ってくれる顧客もいるの

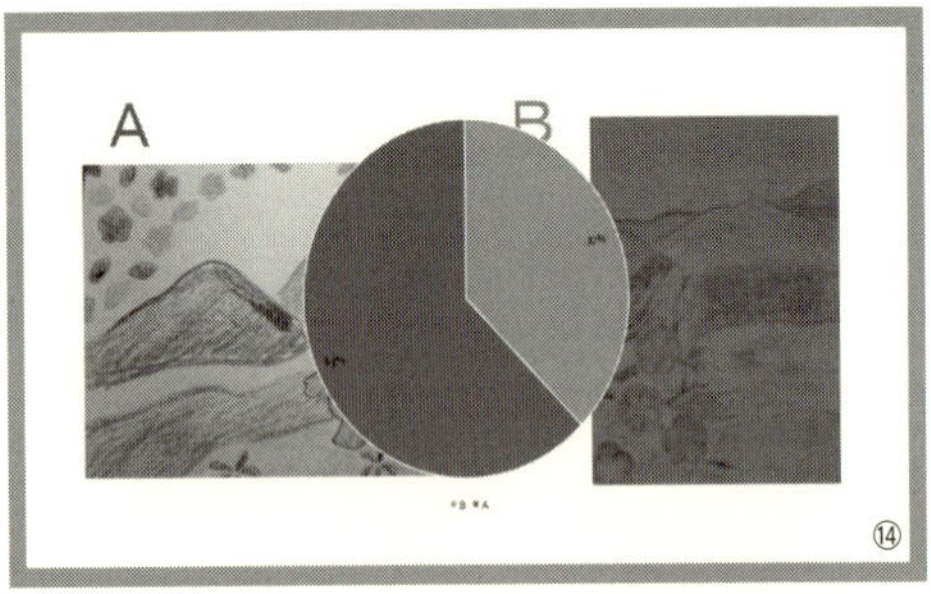

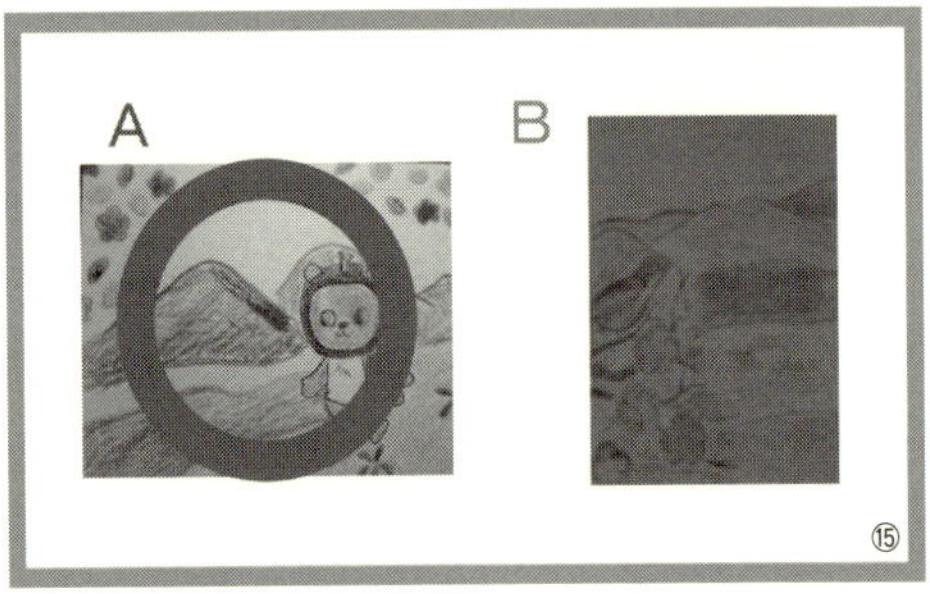

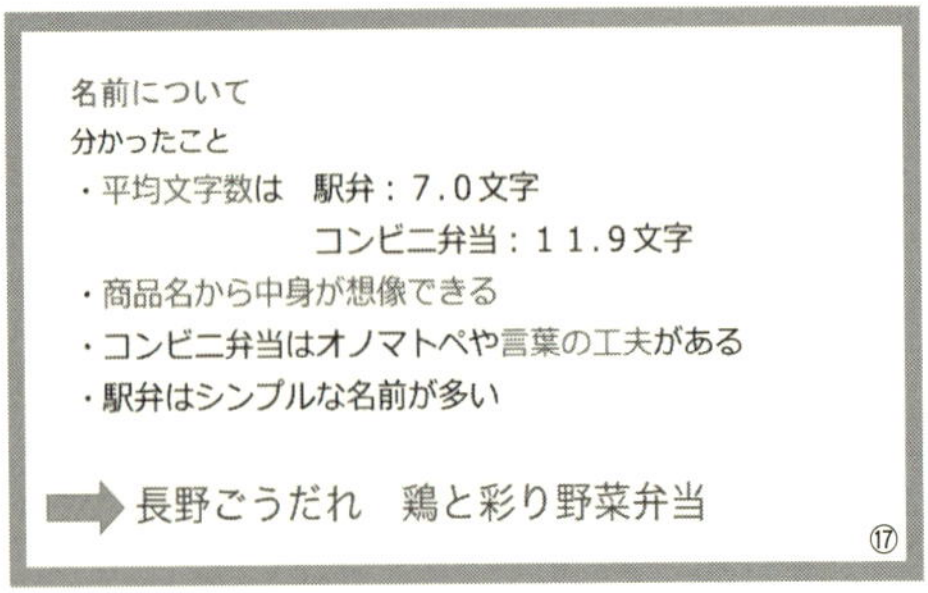

ではないかと予想し、取り入れました。

17 名前についてです。駅弁とコンビニ弁当についてそれぞれランキング上位30位の商品名を集計し、それらを参考にして名前を決めました。「長野ごうだれ鶏と彩どり野菜弁当」です。「鶏と彩どり野菜弁当」は駅弁とコンビニ弁当の平均文字数を参考に、「ごうだれ」大量、たくさんという意味の長野県の方言を取り入れ、言葉を工夫しました。

18 先ほど紹介したおかずですが、

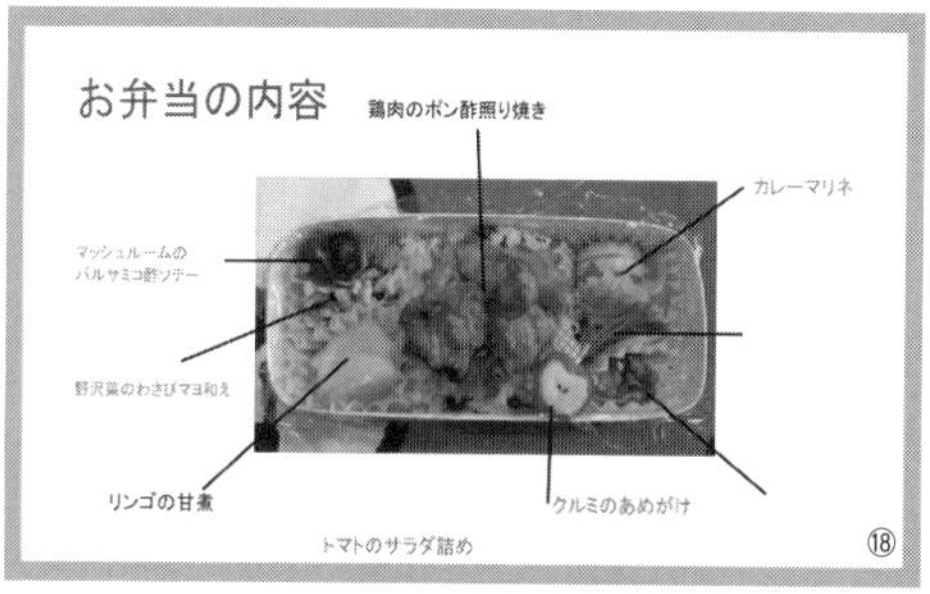

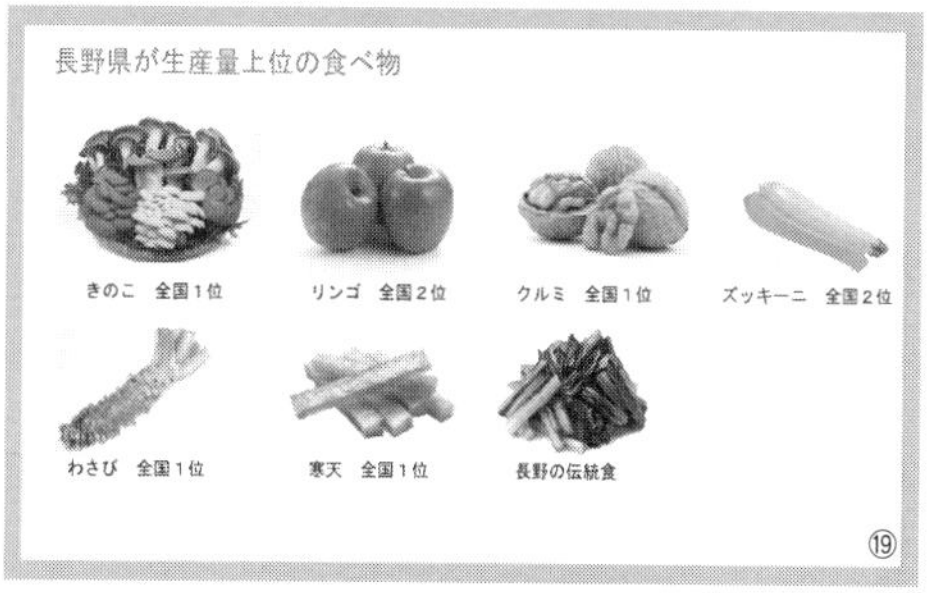

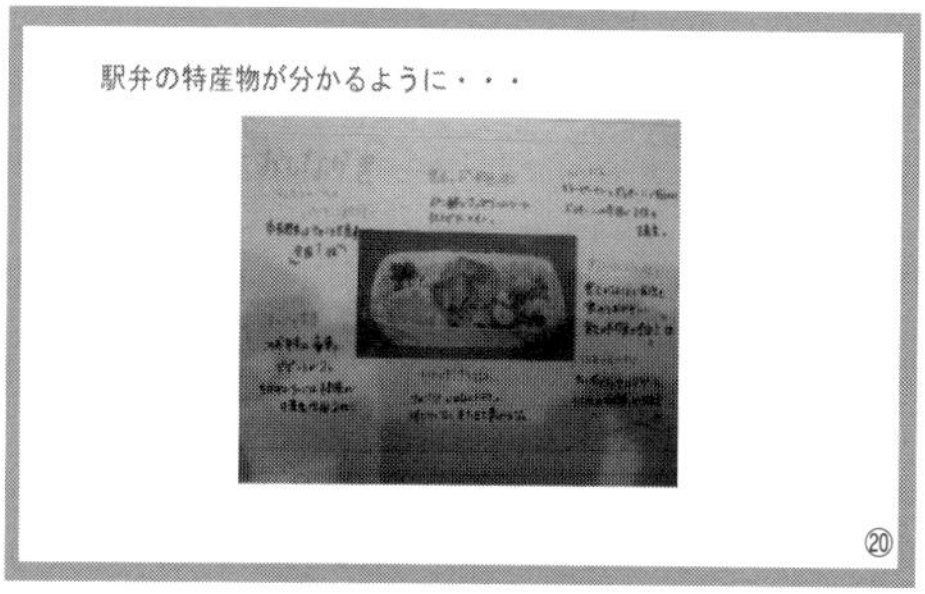

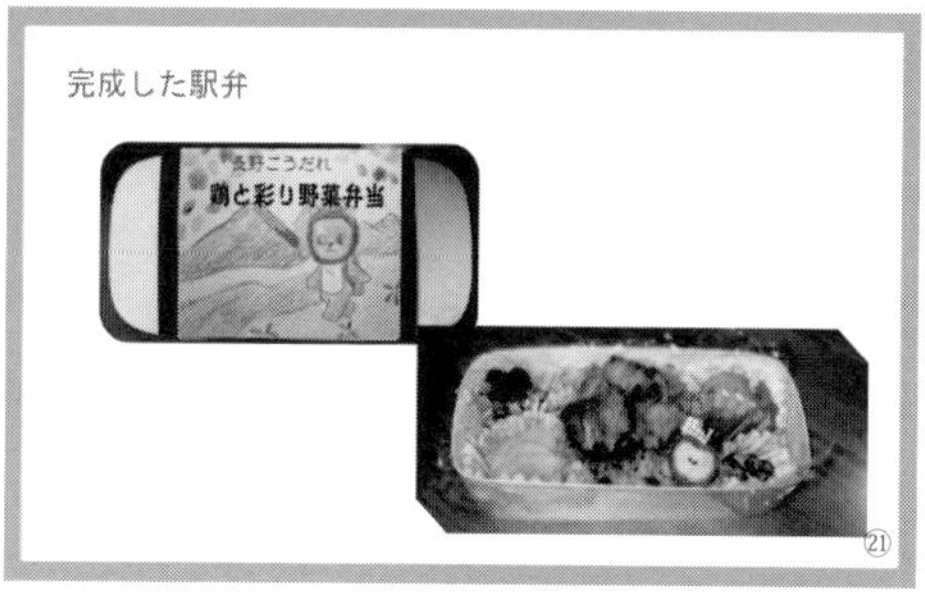

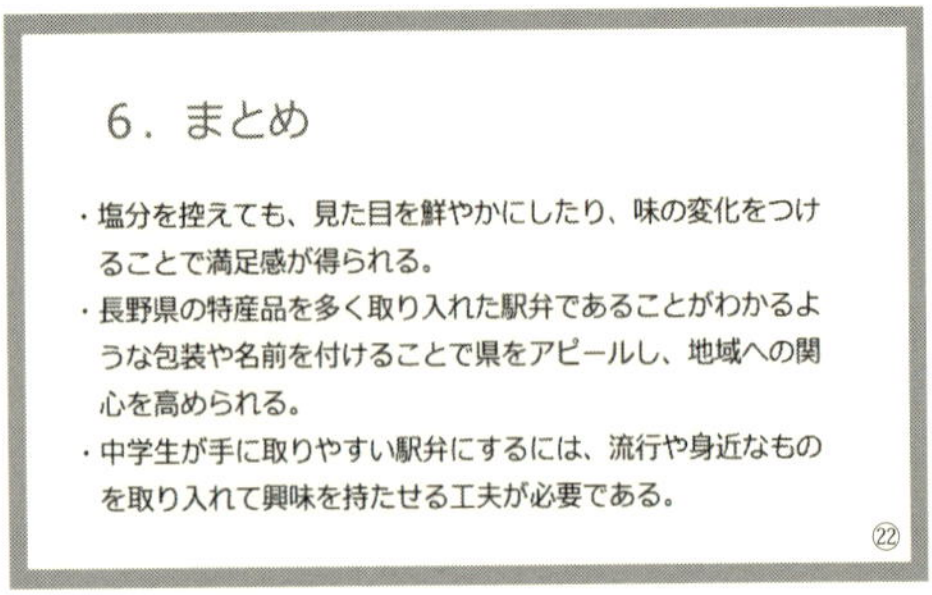
6．まとめ
・塩分を控えても、見た目を鮮やかにしたり、味の変化をつけることで満足感が得られる。
・長野県の特産品を多く取り入れた駅弁であることがわかるような包装や名前を付けることで県をアピールし、地域への関心を高められる。
・中学生が手に取りやすい駅弁にするには、流行や身近なものを取り入れて興味を持たせる工夫が必要である。
㉒

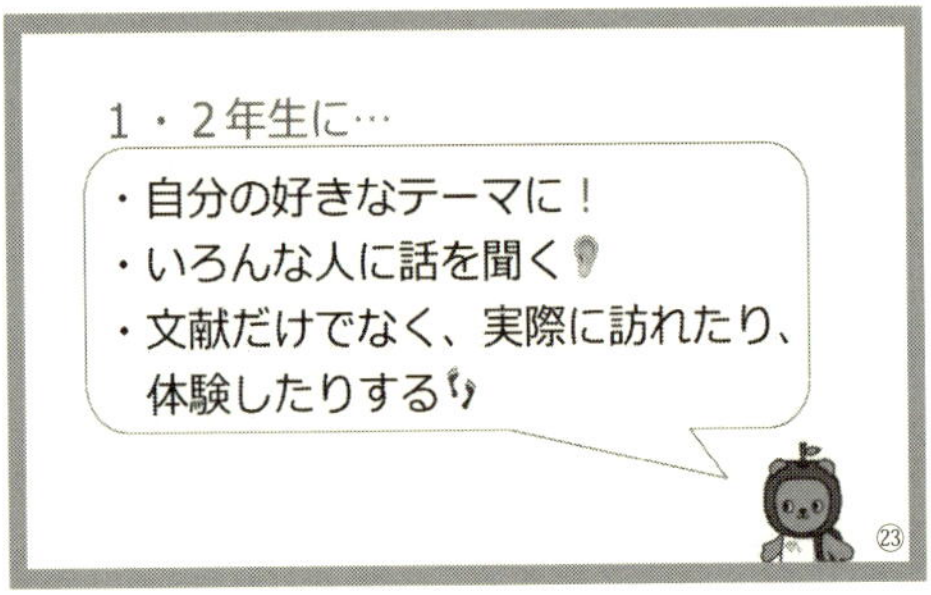
1・2年生に…
・自分の好きなテーマに！
・いろんな人に話を聞く
・文献だけでなく、実際に訪れたり、体験したりする
㉓

19 このような長野県の特産品が入っています。このことが長野県について知らない人でもわかるようにするため、

20 お品書きを添えることにしました。

21 完成した駅弁がこのようになっています。

22 まとめです。今回の研究を通して、次のことが分かりました。

・塩分を控えても、見た目を鮮やかにしたり、味の変化をつけることで満足感が得られる。

・長野県の特産品を多く取り入れた駅弁であることがわかるような包装や名前を付けることで県をアピールし、地域への関心を高められる。

・中学生が手に取りやすい駅弁にするには、流行や身近なものを取り入れて興味を持たせる工夫が必要である。

23 最後に1、2年生に……。自主研究は長期間研究するものです。調べやすい、テーマが分かりやすいという理由だけでなく、自分の好きなことを調べることで、より深く長く続けられます。また、先生や外部の方のお話をよく聞くことで、今まで思いつかなかったアイディアが浮かんだりします。同様に文献だけでなく、実際に足を運んで体験することで研究もより深まります。最後には達成感が得られるので頑張って下さい。

[24] 参考文献は以下の通りです。

[25]、[26] メールでのやり取りをしてくださった長野県県庁　観光誘客課　小池様　小林様　試食やアンケートに協力してくれたＫＢ４の方々、そして皆さん、ご清聴ありがとうございました。

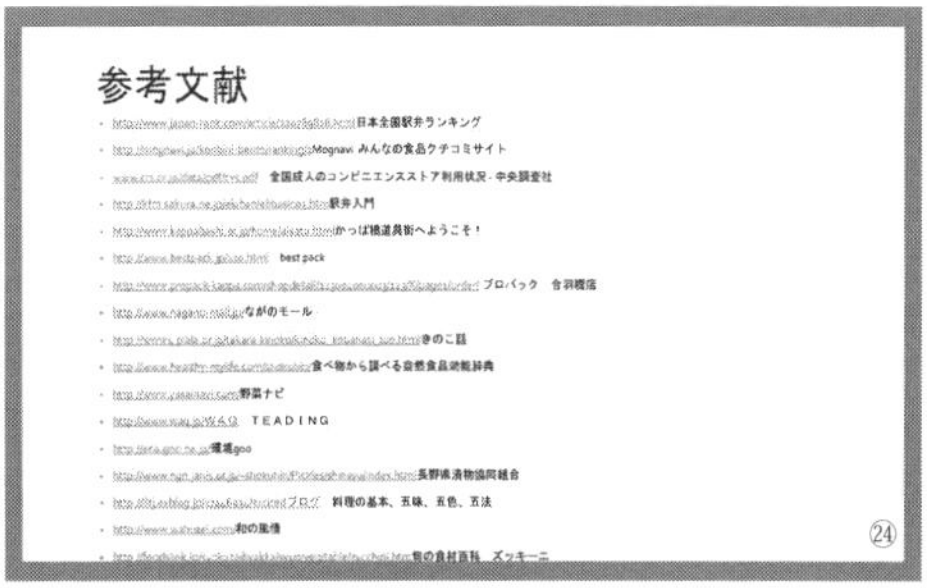

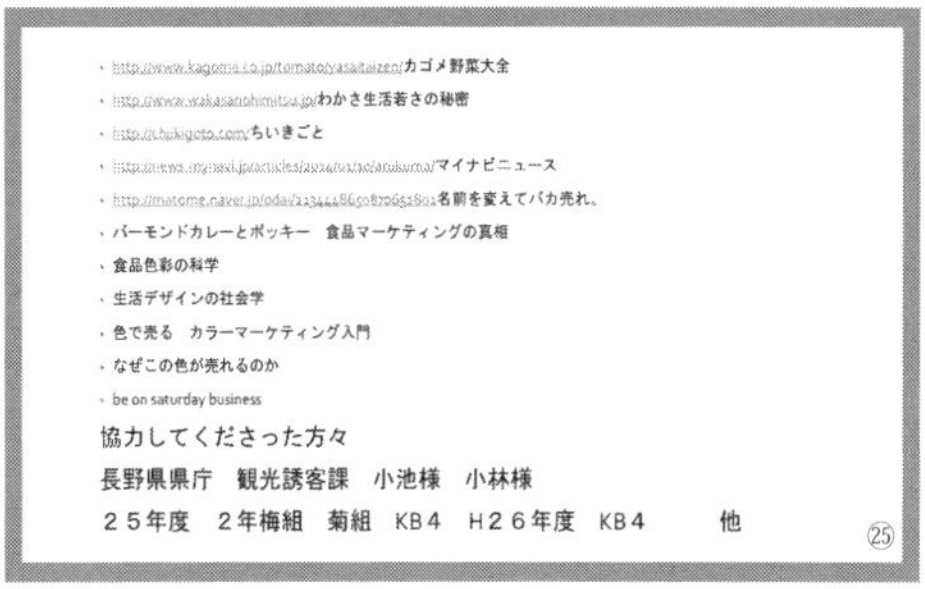

長野県 PR キャラクター「アルクマ」
©長野県アルクマ 18-0080

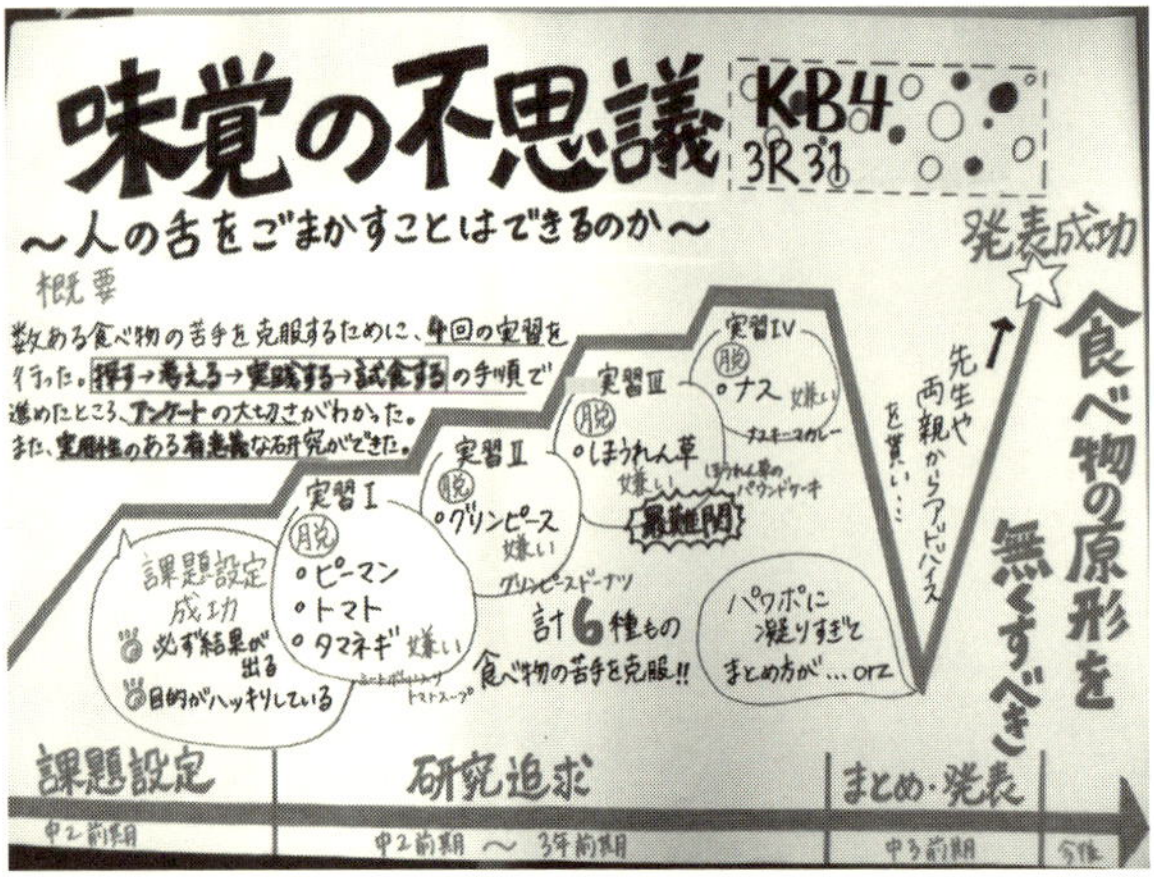

「味覚の不思議～人の舌をごまかすことはできるのか～」

生活グループ　3年生　2015年10月発表

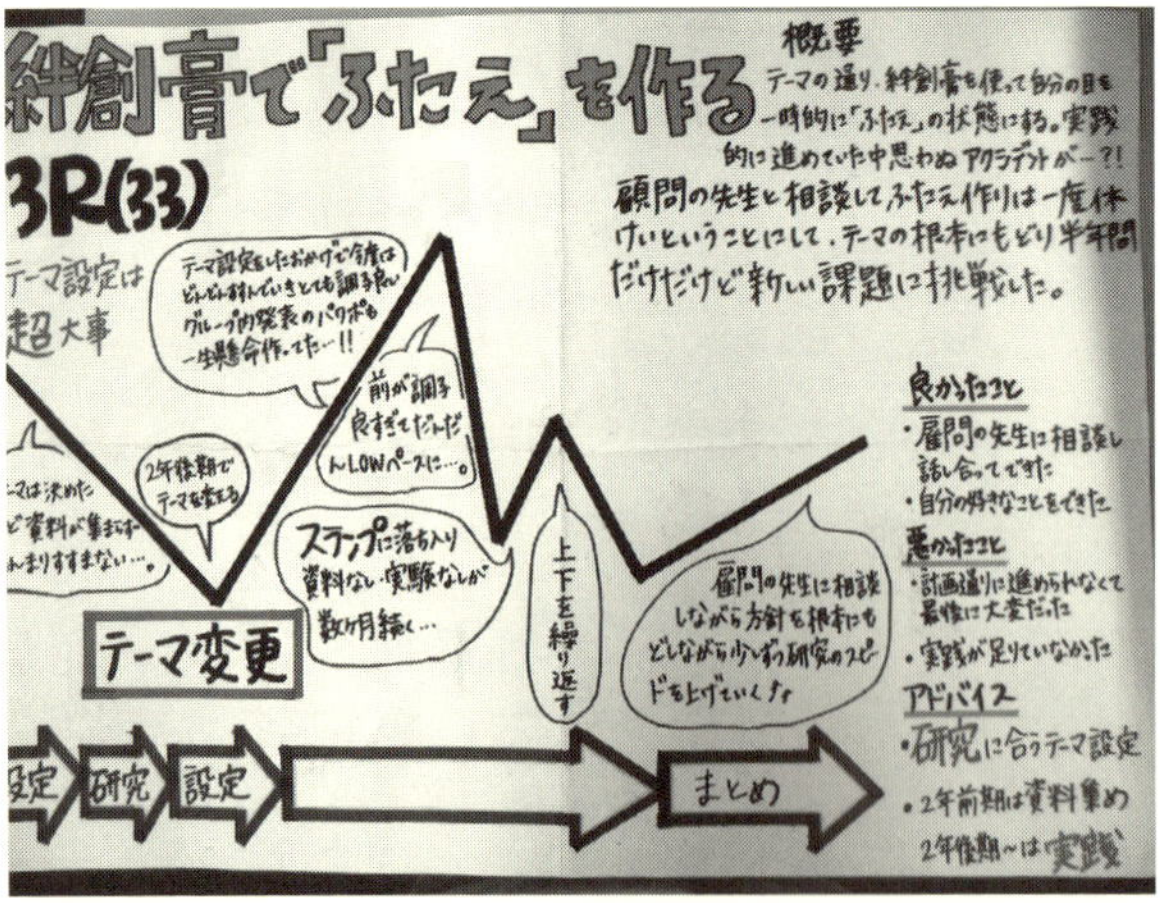

「絆創膏で『ふたえ』を作る」

健康グループ　3年生　2015年10月発表

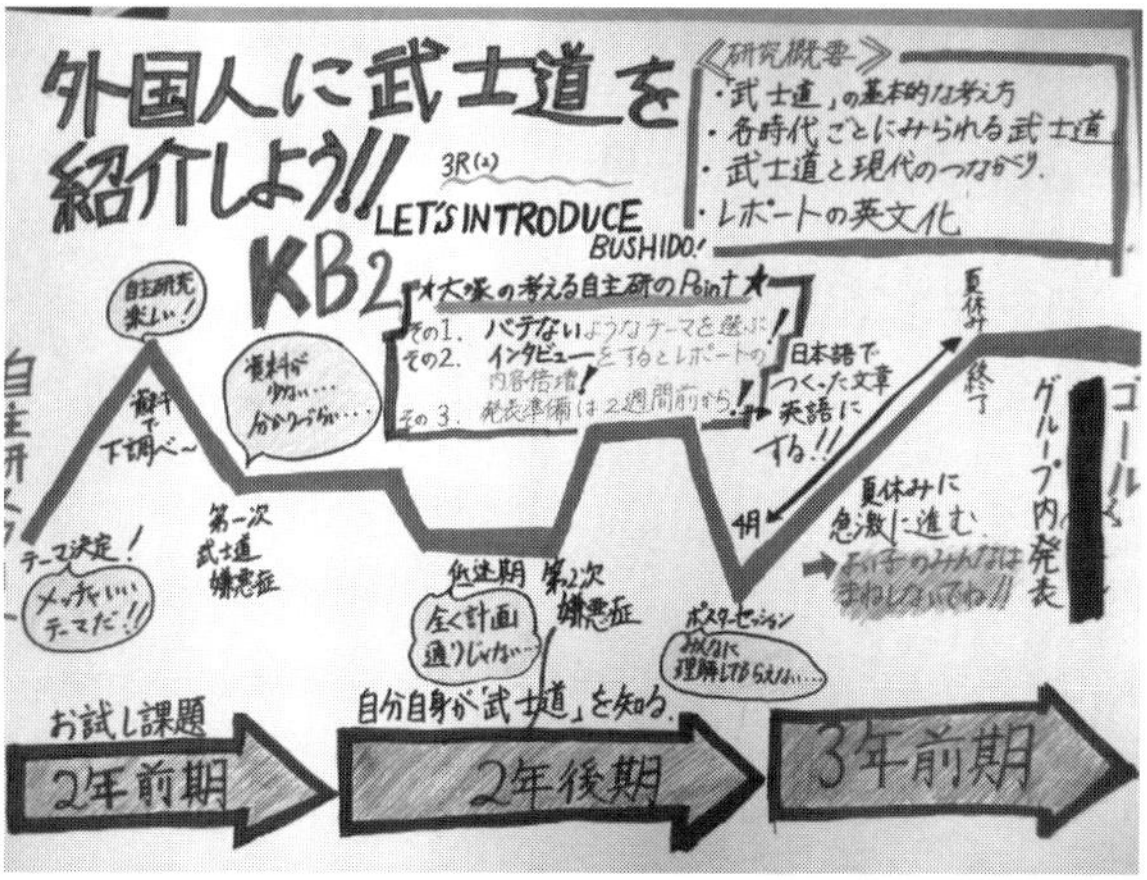

「外国人に武士道を紹介しよう !!」

歴史グループ　3 年生　2015 年 10 月発表

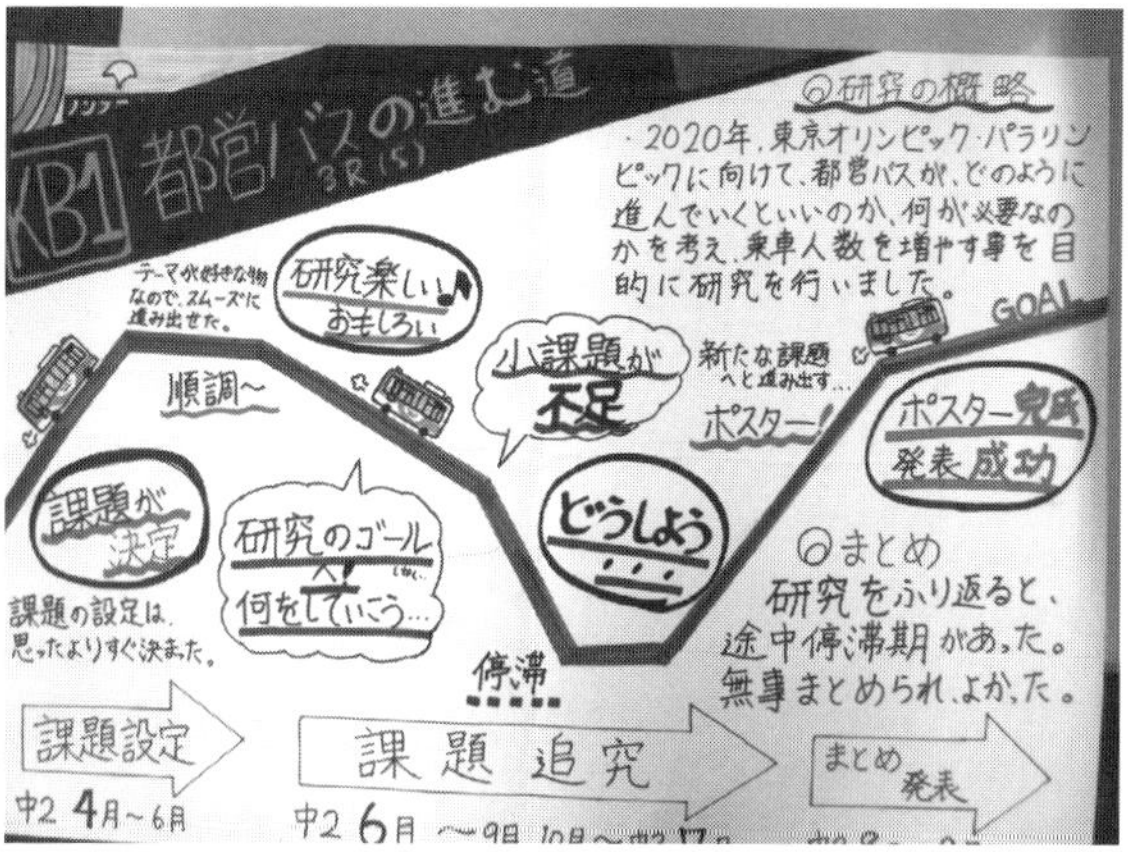

「都営バスの進む道」

社会と文化グループ　3 年生　2015 年 10 月発表

〈実験結果の見方〉

まず，矯正前と矯正後の顔写真をとる。そして，各写真にて，

①右目と左目の端

②正面から見て輪郭の角度が変わるところ

③口の両端

をそれぞれ直線で結び，④体の軸との小さい方の角度を計る。

その角度が直角に近い程ゆがみは少ない。右の図では上の方が下よりゆがみが少ないといえるだろう。

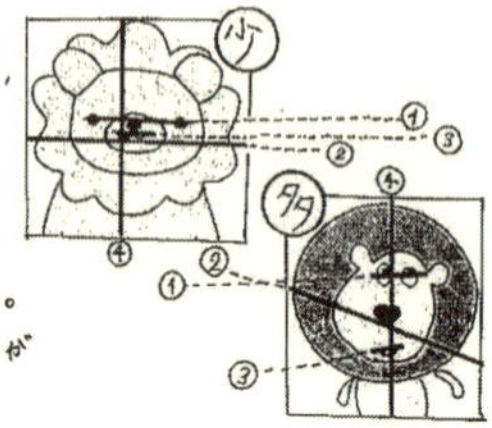

〈実験結果〉

	～実験前～		～実験後～	
A	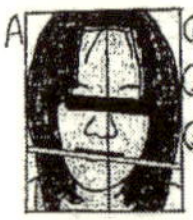	①85°(−5°) ②83°(−7°) ③79°(−11°)		①89°(−1°) ②88°(−2°) ③87°(−3°)
B	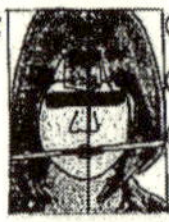	①89°(−1°) ②86°(−4°) ③89°(−1°)		①90°(±0°) ②90°(±0°) ③89°(−1°)
C	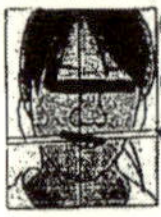	①89°(−1°) ②88°(−2°) ③83°(−7°)		①90°(±0°) ②89°(−1°) ③90°(±0°)
D		①88°(−2°) ②87°(−3°) ③90°(±0°)		①89°(−1°) ②89°(−1°) ③90°(±0°)

まずA～Cの人に実験をしてもらった。この3つからはまず，誰にでもゆがみはあると言える。そして，側頭骨矯正でゆがみは治ると分かる。しかし，この結果ではあまり輪郭の変化は見えない。そこで，別の人に8週間実験をしてもらった。その結果がDだ。これでもゆがみは矯正された。その上，2枚の写真を重ねてみると（図2），輪郭も小さくなったと分かる。よって，これらの実験から，側頭骨を矯正すると，表情のゆがみも矯正されるし小顔にもなれるが，小顔効果を出すには長期間矯正をしなければならないことが分かった。

4. 研究のまとめ

ずっとこのテーマで自主研究をやったが，最終的にきちんと結論を出せて良かった。実験では，表情のゆがみは誰にでもあるのだと実感したが，誰にでも矯正はできると知って安心した。今後も研究内容を生活に生かしたい。

5. 参考文献

「ViVi」2011年4月号，www.juzen.net，www.kaoyugami.com，www.rurikyou.com，「美顔ヨガ」高津文美子，occ.sacrum.biz

6. 3年間の歩み　1・2年：「美顔作戦！」　3年：「ゆがみ～表情のゆがみと矯正について～」

健康グループ　3年生　2012年3月発行

3年蘭組39番

（KB3）

〜表情のゆがみと矯正について〜

1.研究の動機

私は1年生の頃，顔の骨格や表情筋に興味を持った。そして，表情のゆがみにより表情筋が縮んだり衰えたりして，顔のパーツや輪郭が不恰好になると知った。だから，表情のゆがみの解消法について深く研究したいと思った。

2.研究方法

主にインターネットや本で調べたことを自分で実験してみたり，友達に実験してもらった。

3.研究の内容と結果

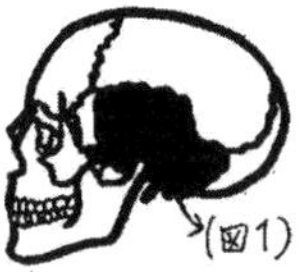

(図1)

表情のゆがみの原因は様々だが，それらの最も根本の原因は「頭がい骨のずれ」である。頭がい骨のずれは，頬杖をついたり，悪い姿勢をとり続けるという生活習慣によって起こる。頭がい骨は23個ものパーツからなっていて，それらの合わせ目がずれることで表情をもゆがませる。そして，頭がい骨は呼吸でさえ微妙に動くほどデリケートな為，誰にだって少々のゆがみはあるといえるだろう。

そこで，私はゆがみ矯正において，側頭骨（図1）という頭がい骨の一部に注目してみた。もし側頭骨が外に飛び出すと，歯の噛み合わせが悪くなり，口角がゆがむ。また，頬骨もずれて，眼輪筋がかたむき，ずれた骨が外側に張り出すことで顔も大きくなってしまうのだ。

しかし，これらのことより，私は逆に側頭骨を矯正すると，表情のゆがみは矯正され，さらに小顔にもなれるのではないかと予想した。そして，私はこれを実験することで確かめてみた。

以下の側頭骨矯正を実際に何人かの人に約3週間，毎日起きてすぐと寝る前にやってもらう。

〈側頭骨矯正〉

1.口をしっかり開けながら，「あ，い，う，え，お」という。

2.両側から手の平で顔を挟む。これはあごをまっすぐに動かす為の補助の役割をする。

3.

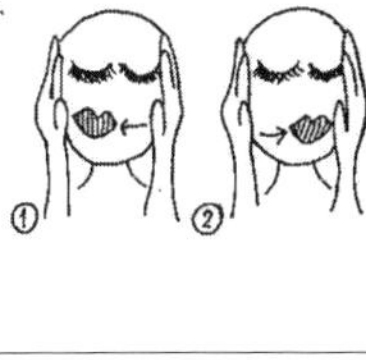

下あごを左右に五往復スライドさせる。この時あごをかたむけて動かしてしまわないよう心掛ける。

4.

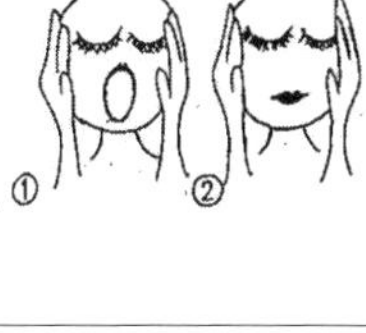

そのまままっすぐ口を開けたり閉じたりする。（5回）

「ゆがみ〜表情のゆがみと矯正について」

■温潤紙力増強剤を取り除く

温潤紙力増強剤を溶かすため、折り目をつけた紙に次のような処理を施し、乾燥させてから左頁の方法で観察しました。

- □熱湯で煮る　□ヘキサン（有機溶剤）に浸す
- □エタノールに浸す　□漂白剤に浸す

→ 折り目は消えない

- □床用液体ワックスに浸す

→ 折り目が消えた!!

なぜ折り目が消えた？
ワックスが
- ・温潤紙力増強剤を溶かした
- ・紙にしみこんで紙を固めた
- ・表面について折り目を隠した

◎紙の折り目を消す方法◎

上の通り、ワックスを使うと折り目はかなり消えます。しかしこの方法はワックスのにおいが紙に残る・紙が硬くなるなどの問題点があり、実用性に欠けます。そのためまとめでは3つの方法を提案することにしました。上のものほど折り目が消え、下のものほど実用的・手軽です。

■ワックス　〔折り目は完全に消えます。紙の質感変化など、実用性に問題あり。〕

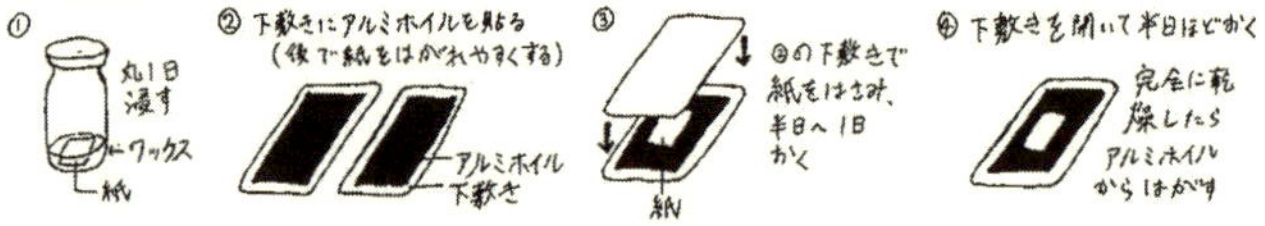

■下敷きにはさむ　〔だいぶ折り目は消えます。が、完全ではありません。〕

■アイロン　〔手軽です！　折り目はそれほど消えません。コツが要ります。〕

- □5分程度吸水させる　□低温でかける　□1ヶ所に5秒程度かかるようにするとよい
- □横にスライドさせるようにかける（上から押すと紙が破れる）　□2〜3度かける

◎まとめ◎

実用性を保つことと折り目を消すことの両立が課題として残りました。それだけ紙の折り目を消すのは難しく、折り目は強固なものだ、ということがわかります。また、今回の研究を振り返るとかなり「思いつき」に支えられていたと感じますが、それが可能だったのはこのテーマには明確なゴールがあり常に軌道修正をすることができたためだと思っています。

※他に試したこと
- ・紙をくしゃくしゃにする
- ・折り目の繊維を針でつつく
- ・フリーズドライ（凍結乾燥）
- ・セルラーゼ（酵素）で繊維を溶かす

3年間の研究の歩み
- 1年夏休み：ウナギの生態
- 1年後期　：英語グループ
- 2年〜3年：紙の折り目

主な参考資料

図書・雑誌
- ・紙の博物館「紙のなんでも小事典」講談社 2007年
- ・平井東幸「図解 繊維がわかる本」日本実業出版社 2004年
- ・小宮英俊「トコトンやさしい 紙の本」日刊工業新聞社 2001年
- ・「理化学辞典 第4版」岩波書店 1987年
- ・高分子学会「ぼくもノーベル賞をとるぞ!!」朝日新聞社 2001年
- ・「2002 知っておきたい紙パの実際—製紙と加工」紙業タイムス社 2002年
- ・佐藤功「図解雑学 プラスチック」ナツメ社 2003年

ほか多数（計29点）

インターネット
リンレイ「『オール』についてのMSDS」※使用したワックスの製品情報
http://www.rinrei.co.jp/home_care/category/item/pdf/all.pdf 2013年8月27日閲覧　ほか

新聞記事　朝日新聞 2012年6月8日朝刊 14面「記者有論 紙の文化財」　ほか

聞き取り調査　2013年2月11日 銀座鳩居堂

理科一般グループ　3年生　2014年3月発行

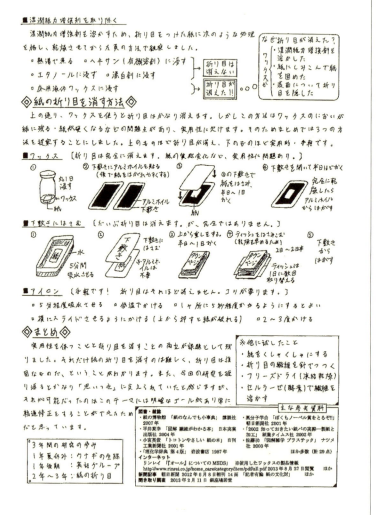

——紙にできた折り目はどうしたらら消せるのか——

SK1 3R (01)

紙は日常生活の中でたいへんよく使うものですが、欠点もいくつかあります。その1つが折り目ができやすいということです。もし一度紙にできてしまった折り目を消すことができれば右のようなものがよみがえります。そこで、紙の折り目を消す方法を研究することにしました。

- 失敗した折り紙
- 消しゴムでしわを作ったノート
- 折れたトランプ
- ページの折れた本

◈研究方法◈

研究は次の流れのくり返しで行いました。

資料から情報を収集する → 紙の折り目を消せそうな実験・消すためのヒントを得られそうな実験を考える → 実験・観察する → 結果を考察する

◈研究内容◈

研究の最初に紙の構造や折り目の構造について資料で調べました（ここでは省略します）。その情報をもとに紙の折り目に関連する実験・観察等をしていきました。

■アイロンをかける

初めに試した方法が、折り目をつけた紙を水で湿らせて、アイロンをかけて乾燥させることでした。しかし、この方法では折り目を完全に消すことはできませんでした。

■水を使って折り目を消す

次に試したのは、折り目をつけた紙を一度水で湿らせてから乾燥させる方法です。湿らせる水の温度を何通りか変え、また乾かし方も数種類実験しました。どの方法も折り目は完全には消えませんでしたが、2枚の下敷きにティッシュとともにはさみ、時間をかけて乾燥させると、だいぶ消えました。

〜折り目の観察法〜

一度折り目が消えたように見えても、その部分を軽く曲げると再び折り目が出てきてしまうことがありました。そこで、折り目が消えたかどうかを観察するときは、次の方法をとりました。

①折り目をそのまま観察

②折り目があったところを軽く曲げ、もう一度観察。

■紙の種類による違い

紙には様々な種類があります。2枚の下敷きにはさむ方法を様々な紙に試したところ、次のことがわかりました。

離解《りかい》する（水に溶ける）紙ほど折り目が消える！

古来の紙は離解します。しかし普通紙など現代の紙はほとんど離解しません。その原因は現代の紙に含まれる薬剤であり、その代表格が「湿潤紙力《しりょく》増強剤」と呼ばれる合成樹脂類です。これが紙を固め、折り目が元に戻ることを妨げているのではないでしょうか？

「紙にできた折り目はどうしたら消せるのか」

（西平美保）

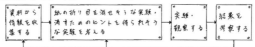

Ⅶ　将来につながる自主研究
――大学や社会で自主研究がいかに活かされているか

お茶の水女子大学附属中学校で自主研究を経験した卒業生は、その経験が高校、大学、社会人となったとき、どのような場面でどのように活かされているのであろうか。筆者は、２０１７年（平成29年）８月から９月にかけて、２００８年度（平成20年度）から２０１７年度（平成29年度）の10年間に、高大連携入試および一般入試でお茶の水女子大学に進学した在籍生および卒業生92名を対象に質問紙調査を行った。その結果47名の回答があり、そのうち附属中学校出身者は20名だった。年齢は18歳から28歳、就職した卒業生は10名、大学院生は３名、大学学部生は７名で、幼稚園からの進学者は５名、小学校からは10名、中学校からは５名であった。留学経験者は４名であった。本章では、この20名のお茶中卒業生である対象者の自由記述をもとに自主研究が将来にどのようにつながっているか検討してみよう。

1 中学校における関心事や取り組んだこと

対象である20名のお茶中卒業生は、中学校生活ではどのようなことに関心をもち中心的に取り組んできたのだろうか。複数回答による結果は、学校行事における活動が8件、教科学習が7件、自主研究が7件、部活動における取り組みが7件であった。彼女たちはこれらの取り組みにより「活動のまとめ役を担うことができた」、「精神的な成長を遂げ、お茶中ならではの経験が得られた」という感想を持っていた。このように中学校生活の関心事や取り組みの中では、本書で取り上げる自主研究が印象に残っていると回答した人たちが多いことがわかる。

2 自主研究のテーマ

自主研究では、対象となるお茶中卒業生たちはどのようなテーマでどのように取り組んできたのだろうか。彼女たちはそれぞれ独自の幅広いテーマを挙げていた。ここでは文学・歴史系、理数系、趣味・娯楽系、社会・心理系、家庭生活系、芸術系など内容ごとに分類し整理した（表7-1）ので紹介しよう。

自主研究の内容は、表7-1のとおり多様で幅広い。中学生らしい日常レベルの素朴な疑問から学びを深め、自己の関心を探究していった様子が見られた。また、それを契機に大学の専攻を選択し、さらに進路、キャリアにつながっている例もあった。一方で、3年間の集大成として大学講堂でプレゼンテーショ

表 7-1　自主研究のテーマと内容

テーマ	内　容
文学・歴史系	・「小説の研究・分析・創作」というテーマで当時の夢であった小説家になるために真剣に取り組みました。司書の方に参考になりそうな本をたくさん入れていただいたり、同じグループの人に書いたものを評価してもらったりと、周りの協力に助けられた。3 年間の集大成として、夏休みに創作した作品は、全国コンクールで 1 位をとることができた（文教育学部）。 ・童話について自分が知っている童話の原作や、その童話がどこのどういう文化の地域で語られてきていたものか、原作と自分たちが今知っている一般的なその話のストーリーが違っていたとしたら、どういう違いがありなぜ変わったか、その童話の作者といわれる人がいれば、その作者の生い立ちや時代背景を調べた（生活科学部）。 ・菅原道真について（生活科学部）。 ・マヤ文明の歴史と文化について（生活科学部）。
理数系	・「ジェットコースターはなぜ怖いのか？」ジェットコースターの仕組みや動き方などを調べることで、なぜ私自身ジェットコースターを怖いと感じるかを探求した。実際にジェットコースターの動きを数式化し模型を作ることで、加速度計などを用いながら実験を行った。3 年次では自主研究の全校発表にも選ばれ、そこで学んだプレゼンの仕方や度胸は今の学生生活にもつながっていると思う (生活科学部)。 ・微生物・菌・特にコウジカビについて研究していた（文教育学部）。
趣味・娯楽系	・七福神について。面白がって聞いてくれたのでよかった（文教育学部）。 ・折り紙（歴史、紙の種類、創作等）。徽音堂で全校生徒・小学生に向け発表した時の緊張感や経験そのものが印象深かった（文教育学部）。 ・あるアニメーション作品についてその魅力を文脈的、映像的、社会的に分析した（文教育学部）。
社会・心理系	・自由とは何か、人種差別に焦点をあて考察した。人種差別に関する映画や本を参照したり、生徒にアンケートをとったりした。大学に入り留学中に人種差別を経験し、差別される人々の心情や移民といわれる人々の心情等を推し測れるようになった。学びが数年の時間を経てつながってくる喜びのようなものを感じた（文教育学部）。 ・日本の心をテーマに、各時代における日本人の気質･性質を文献調査した。また今の日本人のイメージを調査するため、全校生徒にアンケートも行った。集計が大変だったが、今にして思うととてもよい経験だったと思う（理学部）。 ・「やる気」についてメカニズムを調べたり、中学生の友人にアンケートをとっていろいろな人のやる気の出し方について円グラフにまとめたりした。これを機に、簡単な脳科学や心理学の本を読むようになり、大学の専攻につながった。さらに現在の職（家裁調査官：心理学など行動科学の専門的知見から、非行少年の再非行危険性や家庭の問題における子の心情を把握して裁判官に報告する職）につながったと思う。また、学年発表のメンバーに選ばれたのがとても嬉しかった思い出になっている（文教育学部）。

表 7-1 自主研究のテーマと内容（つづき）

テーマ	内容
社会・心理系	・遺伝子について。女子が父親に似て、男子が母親に似るのはなぜか、DNA を取り出す実験を自ら行ったことやポスター発表を行ったことが印象に残っている (生活科学部)。 ・「病は気からは本当か？」というようなテーマで心理学を研究した。最後には集大成として選抜されて講堂でパワーポイントを使って発表することができ大変うれしかった (文教育学部)。
家庭生活系	・「身体のゆがみ」をテーマに取り組んだ。代表に選出され中学の学校説明会で発表した経験が、それ以後、現在もプレゼンテーション能力の向上につながっていると思う。PC を使ってプレゼンテーション資料作成もとても楽しかった（理学部）。 ・「野菜ソムリエになる」というテーマ。週に 1 回の活動で基本的にはその時間内で興味のある野菜について調べまとめていた。たまにオリジナルの野菜メニューを家庭科室でつくり、みんなに披露していた（生活科学部）。 ・「まくら」の研究をしていた。旅行先のインドネシアのまくら等にも興味を持ち、研究に取り入れた。担当の先生が自由にさせてくれたのが印象的だった（文教育学部）。
芸術系	・JS バッハ（バロック時代の作曲家）の音楽についてというテーマで取り組んだ。ピアノ楽曲の曲分析を行い、自身でそれを演奏する際に、ただ演奏するのではなく曲への理解、学びを深めた (文教育学部)。 ・絵本の色彩と文字、文章について取り組んだ。学校説明会で研究の成果を発表し、大勢の人の前で自分の頑張ったことを伝えられたのが嬉しかったのを覚えている（文教育学部）。
メディア系	・広告について調べていた。同じテーマの友人と広告代理店にメールインタビューし、先方がとても丁寧なメールをくださったことが印象深かった（生活科学部）。

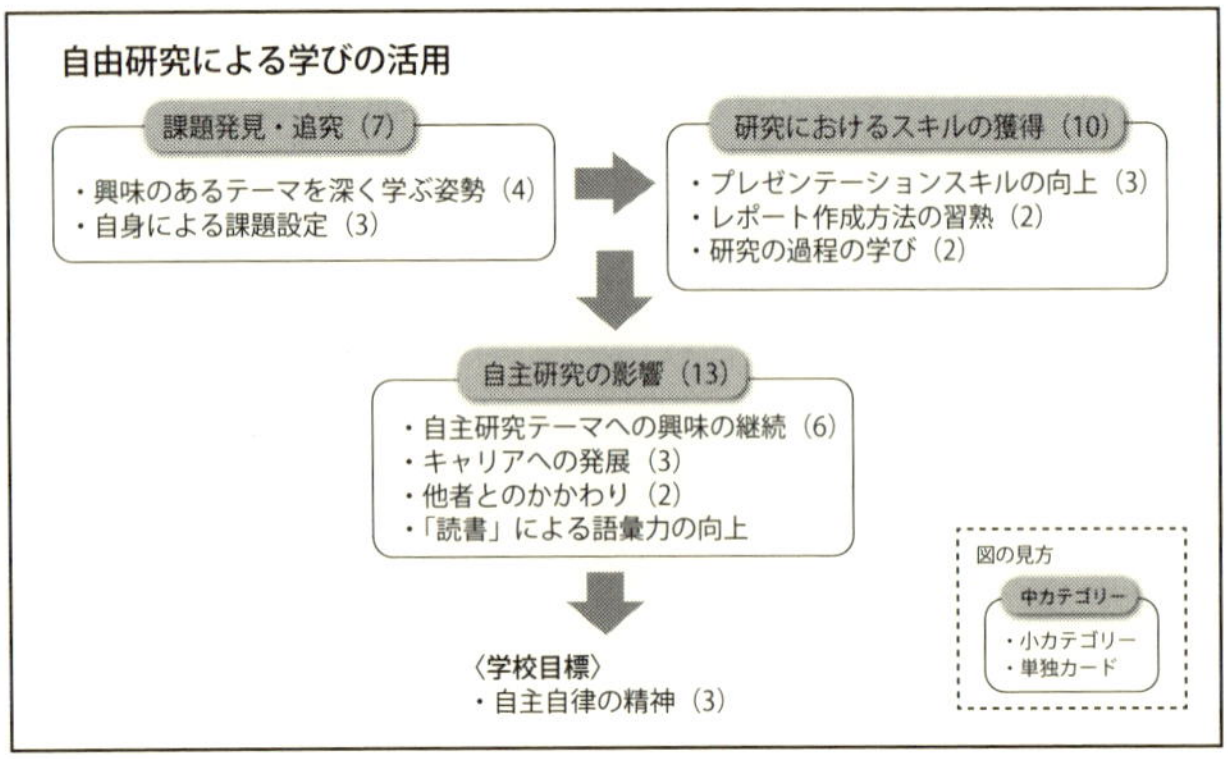

図 7-1　自主研究の学びが高校、大学、社会でどのように活かされているか　（　）内の数値はカテゴリー数、複数回答。

ンをしたことが印象に残っているということを多くの卒業生が挙げており、自主研究が生徒や教員から評価された喜びとともに大勢の前で発信する経験も肯定的に受け止めていたようである。また、テーマの内容によっては学外支援者とも接触しメールやインタビューを通して学びを広げていた。

3　自主研究の学びが高校、大学、社会でどのように活かされているか

自主研究で学んだことがその後、高校や大学、社会でどのように活用されているかを尋ねた自由記述式の回答では、KJ法で分類・整理した結果、三つのカテゴリに分類できた。以下では、中カテゴリを〈　〉、小カテゴリ［　］、記述を「　」として記す。まず、〈課題発見・追究〉が7件、〈研究におけるスキルの獲得〉が10件、〈自主研究の影響〉が13件である。この三つのカテゴリを図7-1のとおり、その関連性を矢印で示した。

まず、中カテゴリの〈課題発見・追究〉には、［興味ある

テーマを深く学ぶ姿勢〉や〈自身による課題設定〉という小カテゴリに分類された。〈興味あるテーマを深く学ぶ姿勢〉では、「文系理系にこだわらず、関心を持ったことを何でも学ぼうとする姿勢を身につけられたと思う」、「小学校からずっとピアノを習っており、自主研究でもこのようなテーマで取り組んだ」、「中学の自主研究が人間の気持ちや発達全般の法則を体系的に学びたいと思うきっかけになった」、「長きにわたり、一つのテーマについて根気強く追及していく点において、役立ったと思う」、「自分の興味ある分野を見極めることやそれを続けることの難しさを学んだ」という記述が挙げられる。

〈自身による課題設定〉では、「自分で課題を見つけること、周りを巻き込んで行動できるようになる力は社会に出てから活かされていると思う。現在の仕事でも『マイペースだが自分を見失わずにいる姿勢』を上司に褒められることがある」、「どんなことでも、自分が知りたいと思ったことを調べる時間が持てたことによって、学校の中で自分が尊重されていると感じられた」、「大学でも授業時間以外で気になったことについても学びを深めたり、自分なりの角度で前例がないことを恐れずにとことん学んでいくという姿勢に強く結びついていると思う」という記述が挙げられる。

〈研究におけるスキルの獲得〉には〈プレゼンテーションスキルの向上〉、〈レポート作成方法の習熟〉、〈研究の過程の学び〉に分類された。まず、〈プレゼンテーションスキルの向上〉には「プレゼンテーション慣れをした」、「ＳＧＨ（スーパーグローバルハイスクール）の成果発表に選ばれ、代表プレゼンテーションをした」、「お茶大オープンキャンパスで、学科説明者に指名された」「自主研究に限らず、中学校全体の授業の中で発表・プレゼンテーションを行う機会が多く、そこで培ったプレゼンテーションの技術や話し方などは、その後の高校・大学生活の中でも大きく活かされたと思う」ということが挙げられた。

次に、〔レポート作成方法の習熟〕では「文章を書くことが好きという気持ちはずっと持っており、新卒1年目は広告制作の仕事をしており、褒めていただくこともあった。今でも趣味で書いている」、「研究としては、引用と主張、根拠などを明確に示すことの大切さを教えていただいた。それは高校のレポートや大学の課題でも役立った」、「文献の探し方や研究の進め方のイロハを学んだと思う」、「レポートの書き方なども中学時代にたくさんの経験を積むことができたため、その後もあまり負担にならずレポートを書くことができるようになったと思う」ということが挙げられた。最後に、〔研究の過程の学び〕では「度重なる授業での発表を通して読書で語彙力が非常に伸びた」、「お茶中での経験（自主研究・資料作成・発表）をベースに、仲間とプログラミング制作をした」、「中学校の段階で、あのようにじっくり研究ができたのは、大学などで専門分野を学んだ際にも役立った」という研究の流れの中で獲得した学びもあった。

〈自主研究の影響〉については、〔自主研究テーマへの興味の継続〕、〔キャリアへの発展〕、〔他者とのかかわり〕などに分類された。〔自主研究テーマへの興味の継続〕では、「中学校のみならず小学校でも自主学習の時間がたっぷりあったことは、高校の課題レポートや大学でのゼミ・卒論執筆にあたり、長きにわたり一つのテーマについて根気強く追究していく点において役立ったと思う」、「文系理系にこだわらず、関心を持ったことを何でも学ぼうとする姿勢を身につけられたと思う」ということが挙げられた。〔キャリアへの発展〕では、「中学では『継続して力をつける』ということを学ぶことができ、大学での学びや管理栄養士の資格勉強の際に役立ったのではと思う」、「小学校からずっとピアノを習っており、自主研究でもこのようなテーマで取り組んだことにより、高校でも引き続き興味を持って音楽に取り組み、その結果、大学で専攻することになった」、「中学の自主研究が人間の気持ちや発達全般の法則を体系的に学びたいと思うきっかけになり、高校2年次にお茶大の心理学コースの講義を受講するようになった」、「小学校から中、高、大学まで関わり続けることで、自分自身のことも含め態度（素直な人が反抗的になったり、ある時期にはおとなしくなったり）の変化の理由を知りたいと思ったことがきっかけで人の脳（心）の働きに関心を持つようになったと思う」、「科学分野に興味を持っていたことは変わりない。現在はがんの研究で遺伝子を見ている。自分の興味ある分野を見極めることやそれを続けることの難しさを学んだ」というように、発達や成長の変化への関心、進学や進路、キャリア形成にも関連していることがわかった。

〈他者とのかかわり〉では、「外部の方とのメールインタビューの中で、『仕事は自分のしたいことをするだけでなく、社会の役に立つこともしていかなければいけない』という主旨の言葉をくださった。その言葉は、自分の仕事への思いにつながっている」、「自分で課題を見つけること、周りを巻き込んで行動できるようになる力は社会に出てから活かされていると思う。現在の仕事でも『マイペースだが自分を見失わずにいる姿勢』を上司に褒められることがある」ということが挙げられる。これらの背景には、学校目標の〈自主自律の精神〉の影響も考えられる。「自主自律という精神は今でも活かされていると思う。自分のことを考え周りのことも認め、自分の力でやりたいことを実践していくという力がついたと思う。〝個〟を大切にする気持ちは、附属出身者はとても強いと思う」という記述からもそれはうかがえる。

以上のとおり、図7-1でも示したように、課題を発見しそれを追究し、研究における方法論やスキルを学びつつ、自主研究に取り組む過程を経て学びを獲得している様子がわかる。さらに、自主研究を行った後でも研究のテーマの関心が継続し、それが大学の進学、専攻の選択、将来へのキャリアにつながっていることがわかった。このように、自主研究による学びは高校、大学、社会に出てからもさまざまな形で活用され、影響を受けていることが示唆された。

4　これまでの人生を振り返って附属学校の教育やそこでの体験など自分自身の人生や価値観にどのように影響があると思うか

ここでは対象者に附属学校の教育を振り返り、どのように影響があったか記述してもらった。以下のとおり、内容を分類した結果、「自分のやりたいこと、好きなことに没頭できる環境・自信が持てる環境」「教員の全力応援」「仲間の刺激とつながり」「学びの楽しさ、自主自律、価値観形成」の四つの内容に分けられた。ここでは、その内容に沿って記述をそのまま紹介しよう。

(1)　自分のやりたいこと、好きなことに没頭できる環境・自信が持てる環境

・中学では自主研究や生徒祭の自主グループ、高校では一風変わった部活や文化祭の Tea Party など、自分の好きなことやりたいことに自信を持てるような環境があったと思う。その中で方法を考えたり、お互いの考えをぶつけ合ったりして自分たちで何とかする力を養えた。そのような校風だったか

らそれぞれの生徒がクラスでの立ち位置や性格など関係なく仲が良かったし、居心地が良かったのだと思う。
・中学・高校とも自主自律の自由な校風であったことは、自分で考えて行動する力をつけさせてくれたと思う。また学校の友人もみんな伸び伸びしていて、それぞれが自分らしさを出せていた環境だったので、友達と話すことがとても楽しかったのが附属学校で良かったと感じるところだと思う。さまざまな価値観に積極的にふれ合っていく姿勢はこの中で得たと思う。
・自分なりに勉強はしっかりやってきたが、やはり、一般的な受験生に比べれば、落ちついて余裕のある学生生活を送ることができたと思う。その分、自らのやりたいことに注力できた。
・「附属学校は自由だ」と先生方はよくおっしゃっていたが、それを実感したのは大学に入学した後で、他の学校の友人と接する機会が増えてからだった。集団に染まりすぎないことが許される環境はなかなかないので、とても貴重な6年間だったと思う。

(2) 教員の全力応援

・先生方は丁寧にご指導くださり何度もチャレンジさせてくださった。新しい自分を発見できるように「失敗してもよいからどんどんやってごらん」とお導きいただき、自由な中で自分を律する大切さをアドバイスいただいた。これからは外でもたくさんの交流をつないで豊かな人間になりたいです。感謝でいっぱいです。

・附属学校では、自分が気になったこと、学びたいと思ったことについて先生方が全力で後押ししてくれる。後押しどころか、周りを気にして平均的に留まろうとするとむしろ「なんで？」と問われるほど、強い姿勢で生徒達に対していたと思う。これは、自分が大学を選ぶ時、大学に入った時、卒論のテーマを選ぶ時など、人生の選択を自分で行う必要にせまられた時、勇気をもって自分の道を選びまい進していく力をくれたと思う。

(3) 仲間の刺激とつながり

・友人たちもお茶小中高の大切な仲間。一人では学べなかったことがたくさんあり、各方面で必ず大活躍する友人達です。
・今でも一番仲の良い友人や地方に転勤になっても会う友達は、幼稚園・小学校からの友人で、幼いころからの友人は一緒にいて本当に安心できる存在であり、附属学校で出会えてよかった。
・小学校から20年近く学校生活を共にした友人がいるということは幸せであり、附属学校ならではの魅力であると思う。また「みがかずば」「自主自律」など一貫した教育理念の下、学生生活を送れることも附属学校の魅力であると考える。
・附属学校は中学も高校もどちらも個性的でそれぞれ何かに興味をもっている友人に出会うことができた。何かを極めようとしている人たちに出会えたことで自分自身もたくさんの刺激をもらうことができ、共に高め合おうとすることにつながったと思う。附属学校の教育もおそらく他校のものとは違った特色があり、そこで学べたことがその後にもつながっていると思う。中学校、高校のどちらも非常に充実した日々を過ごせ楽しめたのでよかったと思う。
・附属学校の友人は勉強熱心で、他の活動においても精力的な人が多かったので、友人たちから良い影響を受けて育つことができたのではないかと思う。

（4）学びの楽しさ、自主自律、価値観形成

・高校受験や大学受験を目的としない、教養を目的とする授業は、学ぶことの面白さを教えてくれたような気がする。個性的な先生方や友人と共に学べたことはとても貴重だったと思う。
・相手に対して興味を持ち、何でも「面白い」と思える今の自分があるのは、お茶中・お茶高のおかげだと思う。
・自分の考えをもつという点で、学校での「自主自律」は重要だったと思う。人生の大半を「お茶」で過ごしているため、自分で気づいていないだけで、影響を受けたことは多岐にわたるだろう。
・自分の人生や価値観の基礎をつくったと感じている。中・高ともに先生方の授業はとても面白く、興味深く、それによって私は学ぶことの楽しさを知ることができたと思う。また専攻は文学だが、教育についても関心を持って大学時代は教育学についての授業もいくつか取った。自分自身の将来を考えたときに、「学ぶことが好き」で「一生学びたい」と思い、生涯学習に関心を持ち来年からはそれに関係する仕事に就くことになった。私の原点は「お茶の水」だと思っている。

まとめ

本章では、お茶の水女子大学附属中学校を卒業し附属高校、お茶の水女子大学に進学した学生、卒業生の18歳から28歳までの20名を対象に、自主研究がどのように高校、大学、社会で活かされたか、また、附属学校で学んだ教育がどのように現在に影響しているかについて述べてきた。その結果、中学校で経験した自主研究は、その後の学習や研究におけるスキルの獲得、課題を設定しそれを追い続ける重要性を意識できただけでなく、大学進学の専攻選択や将来のキャリアにもつながる事例もあった。附属学校の教育が自己のその後の人生にどのように影響しているかについては、自分のやりたいことができる環境が与えられ、自己成長ができたこと、教員の後押しや仲間の存在が重要であること、生涯を通して学ぶことの楽しさを自覚できたこと、自主自律の精神を基盤とした価値観が形成され、それに影響を受けていることが挙げられていた。このようにお茶の水女子大学附属中学校の自主研究および教育全般が、将来にわたって影響していることが示唆された。

（加賀美常美代）

参考文献
加賀美常美代「お茶の水女子大学附属高校出身の大学進学者は附属学校での学びや経験を大学や社会でどのように活かしているか」『高等教育と学生支援』第8巻、31-41、２０１７年。
川喜田二郎『発想法―創造性開発のために』中公新書、１９６７年。

コラム 4

好きなことを好きだと叫べる環境

私は、爆発が好きだ。少し物騒に聞こえるかもしれないが、好きなものは好きだ。正確には爆発そのものというより、爆発の映像が好きなのだが。この趣味を、不謹慎だという人もいる。だが、現代日本における伝統芸能とも言える「特撮技術」。その特撮の醍醐味の一つに、爆発や破壊があるではないか。非常にリアルに描かれた日常が崩れゆく映像を目の当たりにした人々は、恐怖とともにスクリーンの前でしか味わえない非日常を楽しむ。こういった特撮における爆発や破壊は、それこそ伝統とも言えるさまざまな技術が用いられ、専門職の人間が工夫を凝らして作り上げる。それを不謹慎とは、何事か。あれは紛れもなく職人の芸術作品だ。

結局は、それぞれ人の価値観によるのである。私が何事かと思うのも、一つの価値観に過ぎない。人それぞれの価値観があるのはごく自然で、お互い理解出来ないことがあるのも人間である。そのことを理解しているか、していないかで物の見方が180度変わってくる。だがこれが意外と難しい。相手に自分と異なる価値観がある所までは理解できても、自分にも価値観があることを忘れがちだからだ。つい自分基準で見てしまう。お茶中での「自主研究」、小学校の「自学」、幼稚園の「自由な時間」、これらはすべて、お互いの価値観を知るという基礎の下にある。「自主研究」では、テーマが明確であれば基本的にどんなことでも否定されない。むしろ応援してくれる。堂々と自分の「好き」を表現し、発表できる機会がある。似た価値観を持った人たちで集まりお互いを刺激し合う事の面白さ、大切さを身をもって学べる。

学校というのは、バラバラの価値観をある程度揃えていく場所だ。あまりにも価値観が違うと世の中生きていけないからだ。だが、同じ人間を量産しても仕方がない。お茶の水の授業は、世の中を生きていくための力にとどまらず、自分のよいところを伸ばしていくという大事な力も学べる環境がある。好きなことを好きと叫べる環境ほど素晴らしいものはない。私は、爆発が好きだ！

（2015年度卒・三宅智之）

コラム 5

自らに問うて

「医の道に進みたいのか」。自主研究のテーマで再生医療を扱うようになってから、いくどとなく自分にこう問いかけてきた。再生医療とはどのようなものか知りたいという好奇心8割、難しそうなテーマを選んで果たして研究を行えるのだろうかという不安2割で自主研究を始め、当初は自らの進路と関連させようとは思ってもいなかった。しかし研究を進めるにつれ、この道に進みたいのだろうかと自問するようになり、周囲の人から医学を学びたいのかと尋ねられることもあった。

問いに対する自分の考えがはっきりとしないまま、研究のため本を読み、新聞で情報を得て、再生医療に携わる医師のお話を伺う中で見えてきたのは、再生医療の抱えるさまざまな課題であった。私が把握できたのはほんの一部だが、倫理的な問題や資金の問題、安全性など実用にあたり生じるものや、関連企業が得る利益はどうするのかといったもの。果ては外国との競争を気にかけたりと、想像を遥かに超える課題の量と複雑さであった。

やはり大変なテーマであったかと圧倒されながらも、次第に日本の医療の姿に興味を持つようになっていた。医療の現場で患者さんと接したり、研究を行ったりするだけが医療に携わる方法ではない。社会や制度と向き合うのも医療なのかもしれないと思い始めた。

この頃の思いを胸に、後に私は医学を志すようになる。高校時代のさまざまな経験や出会いから、大学での学びやその先の医療の世界では、多様な道の取り方があるようだと教わった。この先の学びと経験から見えてくるもの、考えることは更に多くあるだろう。

自主研究を通して医の道に進むのか自らに問い続け、結果として大学で医学を学ぶことを選んだ。中学生の時に8割の好奇心と2割の不安で始めた自主研究が、振り返れば今の自分の出発点となっている。

この道を選んで学び、いずれ社会に出ていく自分に今度はこう問いたい。「自分に何ができるだろうか」。

（2013年度卒・金原凪沙）

コラム 6

他者を認める

ある時、「戸部さん歌舞伎書けるか?」と言われ「はい出来ます」とやったこともないことをできると言った。そうして今私は歌舞伎の脚本を書いている。この仕事をしている仲間は世界で10人となく、私はその中で最も若い。またある時「戸部さんは国家のために戦争を賛美する歌舞伎を作りますか」、同じ歌舞伎に携わる仕事をしている会社の後輩であり、お茶の水の後輩でもある女性に問いかけられた。

何を隠そう、私の自主研究のテーマは『大東亜戰争』。私は元来歴史が好き、その中でも戦史が好きだった。物心つくころに日本武尊に始まり、源平の戦いに至る時代は、父が共に舞台を作っていた三代目猿之助の「スーパー歌舞伎『ヤマトタケル』」、『義経千本櫻』の時代と重なっている。小学生の頃その父から家にあった古い貨幣を貰った。戦前に満州に行っていた中将に譲られた物で、江戸時代の、清朝の貨幣がたくさんあった。そこで日清日露、第二次世界大戦と戦前の日本へと興味が向く。音楽の時間に習った歌を替え歌して軍歌を作ったこともある。なお、この替え歌を作詞していた経験は今、歌舞伎の歌詞を書くのに役に立っている。戦前と戦後、大日本帝國と日本国。〝國〟の画数が減った分失った物があるのではないか、だとしたらそれは取り戻すべきものなのではないか、と思っていたこともある。

中学を卒業して高校に行かなくなり、その頃、今の道を目指そうと決めた。司馬遼太郎の『坂の上の雲』と『この国のかたち』を読んで、歴史を作る側になりたいと思ったからだ。私の作る歴史はこの国の文化という鏡だ。その鏡は常に時の体制や時流を冷静に写す鏡である。冒頭の質問に私はこう答えた。「同じ物語でも、同じ古典歌舞伎でもそれを作る側、演じる側がどう考えているかで、変えることができる。だからこの仕事は面白い」と。そう思ったのは、一つの物事を様々な角度から見る事が出来、やりたい事をやれた自主研究の体験があったからだ。そして、他者の考えを認め、自分を発信するという今の私に礎をくれたのだと思う。（1999年度卒・戸部和久）

Ⅷ　自主研究　困ったときのQ&A

＊本章は、自主研究に際しての教師のためのQ&Aです。

Q1　テーマが見つからない（好きなことがない）生徒はどうすればいいか。

自分の日常生活をふり返ってもらい、つい寝食を忘れて熱中してしまうものは何かを考えてもらいます。例えばネットにはまっている場合、どういう内容のものをつい検索してしまうのかについて自覚してもらいます。また、幼児期につい夢中になっていたことはどういうことだったか、家族に聞いてみるよう促したりします。

Q2　好きなことはあるけれど研究ができない生徒はどうすればいいか。

好きなことがあれば、研究の半分は達成しているといっても過言ではないので、あとは研究としての歩み出しができるようにしてあげれば大丈夫です。例えばディズニーが好き、というだけでは研究にならないので、対話しながら生徒の関心を絞り込んでいき（ディズニー作品についてなのか、ウォルト・ディズニーの業績についてなのか、ディズニーランドの運営関係なのか、等々）、さらにその研究方法について、こういう研究の仕方もあるし、こういう研究の仕方もある、という風に、実際にディズニーを研究対象にするとどういう展開の仕方があるかを具体的に語ってあげるとイメージが湧くようです。

Q３ 生徒がテーマを絞れない時はどうすればいいか。

まず、なぜそのテーマにしたのか、興味を持つきっかけとなるエピソードを聞いてみてください。「親に勧められたから」等と言い出す場合もあるので、本当に自分がやりたいと思ったテーマかどうかを確かめる必要があります。その上で、それの何がやりたいのか、対話しながら絞り込んでいき、絞り込めない場合は片っ端から具体例を挙げたり、自分の関心を整理するために生徒にマップを書かせたりしてもよいでしょう。本当にやりたいテーマなら、必ず対話の途中で痒いところに手が届くポイントがあるはずです。

Q４ どこまでやっていいかわからないと訴える生徒をどうするか。

最終的にどこまでやりたいのか本人の究極の理想を聞き、そこから逆算して、与えられた時間でできるところまでで研究を止めるしかないことを理解してもらいます。時間は有限だからです。卒業後も、職業や生涯学習としての継続研究は可能だということを伝えれば、途中段階で区切りをつけることにも前向きになります。

Q５　発表会をどうするか。

せっかく深い研究を行っていても、発表の仕方次第では研究成果の伝わり方が半減します。自分の研究の「肝」は何なのか、それを自覚してもらい、数分という限られた時間の中で最も効果的に聞き手に伝えられる方法を考えるようアドバイスします。そのためには、生徒が事前にさまざまな発表方法に触れておく必要があります。

Q６　レポート作成をどうするか。

レポート（A）は、ポートフォリオ内のメモ書きなどの材料（B）とも違いますし、発表原稿（C）とも違います。また、最終的に作成する自主研究集録原稿（D）とも異なります。（A）は、（B）をもとに（D）を作成するための準備草稿であり、また、（C）は（A）を発表用に特化したものであり、それぞれ作成の目的が異なることを理解してもらい、可能ならサンプルを提示します。

Q７　教科の学習とどうつなげるか。

学習途上にいる生徒は、なかなか教科全体を俯瞰したり、教科同士をつなげたりといったことができません。教師はそこを可能にする存在なので、自分の知りうる限りのさまざまな教科の内容とリンクをはるとよいです。自分に限界があるなら複数の教師を連れてくることでそれが可能になります。

Q8 自主研究を「やらされている」と感じるときはどんなときか。

モチベーションが低いほど生徒は「やらされている感」が強くなります。心からやりたいテーマでない限り、自発的には取り組めません。また、周囲の評価や親の期待など〝他者の目〟を取り込むことに慣れてしまっている生徒の中には、やらされていることに気づかない人もいます。自分がいつの間にかはめられている枠から自由になることが、自主研究の第一歩なのです。一見とるに足りないテーマを大まじめに研究している他の生徒の取り組みの過程を目の前で紹介することも大事かも知れません。

Q9 異なるテーマの生徒が同じ教室にいて混乱しないか。

同じグループの中には、さまざまなテーマで研究している生徒が混在しており、その研究方法もさまざまです。一人の教員が無理なく面倒をみられるのは10名前後なので、人数が多い場合は複数の教員を付けたり、非常勤講師や同窓会OB・OGなどの補助スタッフを付けたりします。教師はあくまで研究方法のアドバイスをしたり、専門家につなげたりすることに徹すれば、内容面で混在していても大丈夫です。

Q10 やたらアンケートをしようとする生徒をどうするか。

アンケート（質問紙による調査）のほかにも、観察による調査、聞き取りによる調査、被験者（生徒自身や近親者等）に体験してもらってデータを取る調査など、調査の方法には色々あり、自分の研究には何が最適なのか自覚してもらう必要があります。アンケートの対象者も、どういう人たちの何人くらいのデータが欲しいのか、冷静に考えてもらうのが一番でしょう。

Q11　自分が指導できない分野はどうすればよいか。

美術、音楽、体育、理科、家庭科の教員は、自分の専門のジャンルで指導ができていますが、それ以外の教科の教員は、毎回さまざまなジャンルの配属になります。従って、専門外であったり、自分の趣味や特技でも対応できないテーマの指導をすることは多いです。しかし心配はいりません。自主研究の指導では、内容ではなく研究方法の指導を中心に置いているので、研究の道筋を付けたり、参考資料の入手方法などを教えたりすれば大丈夫です。もし、運悪くまったく知らない分野であれば、自分よりももっと知っている人、もっと的確なアドバイスができる人を探してくればよいのです。大学（お茶大）の教員や同窓会のOB・OG、企業や自治体や各種団体等に直接問い合わせたりすることもできます。また、これらは自分の専門分野であっても常に心がけているべきことです。教員同士が常にコミュニケーションをとることを心がけ、学校外ともつながって、気軽に情報交換ができる風土があれば大丈夫です。

Q12　指導にコツはあるか。

ジャンルやテーマによって、指導のコツはさまざまに存在します。また、研究方法の違いによって、生徒が陥りやすい失敗ポイントの違いもありますし、指導方法の違いも生まれます。例えば創作・開発型の研究ですと、自分の作品の完成形へと向かう過程や試行錯誤自体が研究なのだということを、はじめに生徒に理解してもらいます（そういった試行錯誤の過程を敢えて言語化しなくても研究になる場合もあります）。また、課題生成型の研究ですと、つい調べておしまいになりがちなので、中学生なりに自分の研究だと言えるオリジナリティの有無に気づかせたりします。仮説検証型の研究ですと、すでに検証されていることを追体験して「なるほどやっぱりこうなった」で終わる場合があり、それは他人の研究のトレースであり、自分の仮説や検証になっていないことに気づかせたりします。他人の評価や時流を気にせず、一見とるに足りないテーマであっても、それを独創性のある「研究」に引き上げるようにすればよいわけで、教師はそのための指導をするのだという共通理解をしておく必要があります。

Q13　いわゆる卒業論文の執筆を目的としているのか。

３年生の最後に、「自主研究集録」の原稿を書いて終了となりますが、論文執筆がゴールではありません。研究のプロセスをまとめたもの（ポートフォリオやレポート）も研究の成果の一つですし、グループ内発表会での発表や、２年生で行う全員参加方式のポスターセッションも成果の一つです。発表方法には特に制限を設けず、生徒の自由な発想に合わせて材料や機材を用意しています。自主研究では、発表することと、それへのプロセスを重視しています。

Q14　1つのジャンルに多くの生徒が集まる場合はどうすればよいのか。

その分、他のジャンルの生徒数は減るわけですから、指導する教師の数を調整したり、大人数が集まったジャンルには優先的に同窓会のOB・OG等を配置したりします。そういった指導者の人数調整のほかにも、生徒の研究構想をよくよく聞けば、他のジャンルの方が適している場合もあるので、表面的なジャンル分けをしないように気を付けています。

Q15 自主研究の枠にはまらない場合もあるのではないか。

研究には、自然科学系、社会科学系、人文科学系、芸術系など、それぞれの分野で伝統的になされている方法があり、自主研究での研究も基本的にそれらに則って行われていますし、言語化・数値化することが求められます。しかし、創作・表現それ自体を目標とするものは、創作者・表現者の頭の中で常に研究や試行錯誤が行われているにも関わらず、そのプロセスが必ずしも言語化・数値化されない場合の方が圧倒的に多いです。一般的にも、創作者と研究者は分離していることが多いです。自主研究を行うにあたって、創作者・表現者であろうとする生徒もいて、そういう場合、狭義の〝研究〟になるべく近づけるよう指導しますが、考えてみると、〝研究〟の捉え方自体を考え直す必要があるのかも知れません。例えば企業の商品開発などは、チームを組んで行うために、役割分担とその複合的な共同作業の中で開発がなされていきます。つまり、創作者と研究者が入り交じっているわけですが、例えば作曲者、小説家、画家、競技者などの、いわゆる単独で創作者、表現者と呼ばれる人たちは、間違いなく自分の頭の中で〝研究〟を行っているのですが、従来の意味合いでは研究とは呼ばれません。そのあたりをどうしていくかが、今後の自主研究の課題なのかも知れません。

（西平美保）

おわりに

お茶の水女子大学附属中学校の自主研究は、さかのぼること40年である。昨年、創立70周年を迎えた本校の歩みをたどると、自主研究の歩みも本校の代表的な教育活動としてさん然と輝いている。一方で、お茶の水女子大学附属学校園では、同じキャンパスの中で幼稚園から大学まであり、子どもの発達や成長に寄り添いながら、幼稚園、小学校、中学校、高校、大学の関係者が集まって連携研究を月に1度行っている。その中のひとつである「自学・自主研究」の連携研究では、子どもの興味・関心を育む教育、実践活動について、各校園の子どもたちの学びと成長を話し合ってきた。その際、中学校の教員たちは自主研究の取り組みの重要性を再認識し、これまでの自主研究の実践と成果を整理し、今後の可能性を広く社会に発信していく必要性を強く感じた。そのことが本企画のきっかけともいえる。

本書で複数の教員が著したように、自主研究は生徒の好奇心の赴くまま、自分の好きなこと、やりたいことを見つけることから始まる。それをテーマとし、研究に位置づけ、方法論を学び、やりたい内容によって課題を検証したり、実際に制作したりすることを通して、テーマを徹底的に追究する。こうした活動を

1年生の後期から3年生の前期にわたって取り組む。その成果はさまざまな発表形式で実施され、たとえば、レポートやポスター、プレゼンテーションといった形で発信されていく。3年間のこのような学びの中で、自主研究は生徒にとっては貴重な経験、一生の宝物になっていくようである。

一方、教員たちも日々、試行錯誤しながら自主研究の指導にあたっている。各章やQ&Aでは、そうした生徒への指導をするうえでの教員の悩みを土台に現場の知恵や工夫が豊富に盛り込んである。また、この40年を振り返り、教員たちも多様な考えや意見があり、それらが交錯し、自主研究の継続に対しても葛藤があったようである。本書はそうした自主研究の歴史的経緯に触れるとともに、生徒の学びと教員の指導の取り組みなど、教育現場に広く役に立つアイデアも示している。

本書の読者の皆様へのメッセージとしては、お茶の水女子大学附属中学校独自の教育活動として自主研究が生徒にとって有意義な学びにつながるものであること、多くの皆様にお茶中独自のプログラムとしてこの自主研究を知ってもらいたいこと、さらに、多くの学校で教育活動として取り入れていただくなど、公教育にもぜひ役に立てていただきたいことである。

自主研究はこれまでも多様な形で進化し、より充実した教育活動に修正され現在に至っている。これは現在進行形であり、これから取り組んでいく生徒たちや教員たち、それをサポートする大学教員や同窓会の関係者等によりさらに精緻化され、今後もより充実していくことを期待したい。自主研究はそうした可能性を持つ本校独自の教育活動といえる。本書によりお茶の水女子大学附属中学校の教育活動が将来に向けさらなる発展をし、よりよい教育の方向性が見出すことができれば、喜ばしいことである。

なお、本書の執筆者たちは、上述した連携研究で数年にわたり「自学・自主研究」をテーマとし活動を続けてきた教員たちおよび本企画の執筆を中学校で公募した際、手を挙げた有志教員たちである。自主研究は中学校のすべての教員が携わっている活動であるため、本来は教員全員で共同執筆したいところであったが、それが現実的にかなわなかったことは残念である。しかし、本書の中学校執筆者は教員全員の思いを代表して執筆していることをここに添えておきたい。

最後になってしまい大変恐縮であるが、本書の出版を快く引き受けてくださり、適切な助言をいただいた明石書店の大江道雅氏、きめ細かく校正作業をしてくださった編集担当の秋耕社の小林一郎氏にこころより感謝を申し上げたい。

加賀美常美代

【お茶の水女子大学附属中学校　沿革】

明治 8（1875）年	「御茶の水」に東京女子師範学校開校
明治 15（1882）年	東京女子師範学校附属高等女学校創設（中学校の前身）
昭和 7（1932）年	「現在地（大塚）」に移転
昭和 22（1947）年	東京女子高等師範学校附属中学校発足（男女共学）
昭和 27（1952）年	お茶の水女子大学文教育学部附属中学校に改編
昭和 42（1967）年	創立 20 周年記念式典
昭和 52（1977）年	創立 30 周年記念式典
昭和 53（1978）年	「ゆとりの教育」の実践　「自主研究」誕生
昭和 54（1979）年	帰国子女教育学級発足
昭和 55（1980）年	お茶の水女子大学附属中学校に改編
昭和 57（1982）年	『「ゆとり」の教育実践』（第一法規）出版
昭和 62（1987）年	創立 40 周年記念式典
平成 2（1990）年	文部省コンピュータ利用の研究指定校になる
平成 7（1995）年	校内 LAN 整備完了・インターネット接続開始
平成 8（1996）年	文部省武道推進指定校になる
平成 9（1997）年	文部省研究開発学校に指定される（小中連携）（12 年度まで） 教育課程を「教科」「総合」「探究」の 3 つの領域とし、自主研究を「探究」領域に位置づける 創立 50 周年記念式典
平成 10（1998）年	文部省光ファイバー網による学校ネットワーク活用方法研究開発実践研究校に指定される（12 年度まで）
平成 16（2004）年	お茶の水女子大学が国立大学法人となる
平成 17（2005）年	文部科学省研究開発学校に指定される（幼小中連携）（19 年度まで）
平成 19（2007）年	創立 60 周年記念式典
平成 20（2008）年	第一校舎改修工事完了
平成 21（2009）年	文部科学省研究開発学校に指定され、「『探究する楽しさ』を見出す主体的な研究活動」をテーマに掲げ「自主研究」を中心とした教科・総合の統合型教育課程の研究開発を行う（23 年度まで）
平成 26（2014）年	第二校舎改修工事完了 文部科学省研究開発学校に指定される（コミュニケーション・デザイン科）（29 年度まで）
平成 29（2017）年	創立 70 周年記念式典

【執筆者一覧】（50 音順）

加賀美常美代［はじめに、Ⅶ、おわりに］
お茶の水女子大学附属中学校・校長(2015–18 年度)
お茶の水女子大学基幹研究院・教授

木村真冬［Ⅱ］ お茶の水女子大学附属中学校・教諭　社会科

佐々木善子［Ⅳ］ お茶の水女子大学附属中学校・主幹教諭　社会科

佐藤吉高［Ⅲ］ お茶の水女子大学附属中学校・教諭　保健体育科

薗部幸枝［Ⅴ］ お茶の水女子大学附属中学校・教諭　理科

中山由美［Ⅰ］ お茶の水女子大学附属中学校・教諭　音楽科

西平美保［Ⅵ、Ⅷ］ お茶の水女子大学附属中学校・教諭　英語科

【コラム執筆者一覧】

金原凪沙［コラム５］ 東北大学医学部医学科在籍

佐々木麻美［コラム１］ お茶の水女子大学附属幼稚園・教諭

佐藤健太［コラム３］ お茶の水女子大学附属高等学校・教諭　保健体育科

杉浦真紀子［コラム１］ お茶の水女子大学附属幼稚園・教諭

戸張純男［コラム２］ 元お茶の水女子大学附属小学校・教諭　算数

戸部和久［コラム６］ 歌舞伎脚本家

三宅智之［コラム４］ 早稲田大学本庄高等学院在籍

山川志保［コラム３］ お茶の水女子大学附属高等学校・教諭　地理歴史科

【2018 年度お茶の水女子大学附属中学校教員一覧】

小泉薫（副校長）
市川千恵美（国語科）
加藤理嘉（英語科）
桐山瞭子（美術科）
宗我部義則（国語科）
戸谷順子（国語科）
藤原大樹（数学科）
前川哲也（理科）
山本江津子（理科）
渡邊智紀（社会科）
有友愛子（家庭科）
大塚みずほ（数学科）
君和田雅子（保健体育科）
近藤久美子（養護教諭）
寺本誠（社会科）
中島義和（英語科）
平地義武（技術科）
松本純一（数学科）
渡邉光輝（国語科）

●お茶の水女子大学附属中学校
〒112-8610
東京都文京区大塚 2-1-1
TEL. 03-5978-5862
URL http://www.fz.ocha.ac.jp/ft/

自分の〝好き〟を探究しよう！
――お茶の水女子大学附属中学校「自主研究」のすすめ

2018年10月31日　初版第1刷発行

編　者　お茶の水女子大学
　　　　附属中学校
発行者　大江道雅
発行所　株式会社 明石書店
〒101-0021 東京都千代田区外神田 6-9-5
電話　03（5818）1171
FAX　03（5818）1174
振替　00100-7-24505
http://www.akashi.co.jp
組版　有限会社秋耕社
装丁　明石書店デザイン室
印刷・製本　モリモト印刷株式会社

（定価はカバーに表示してあります）　ISBN978-4-7503-4724-0